JN083763

Office2021で学ぶ
コンピュータリテラシー

小野目　如快　[著]

実教出版

本書をお使いいただくにあたっての注意事項

・本書は 2022 年 5 月現在の状態の「Windows11」および「Office2021」をもとに作成しております。お使いの環境によっては掲載されている画面図と同じにならない場合もございますので、あらかじめご了承ください。

・本書は「Microsoft365」でもお使いいただけます。掲載されているリボンの形状などは、使用する環境により「Microsoft365」と違う場合がございますが、操作上、大きな影響はございません。ただし、「Microsoft365」は常に最新の状態に更新されるため、今後大きな影響が出る可能性もございます。このような仕様変更に関するお問い合わせへの対応はいたしかねますので、あらかじめご了承ください。

・Microsoft、Windows は、Microsoft 社の登録商標です。その他、本書に掲載された社名および製品名は、各社の商標または登録商標です。本文では、それぞれ ™、® マークを付けておりませんが、これらを一般名詞として使用する意図はありません。

本書のデータが Web ページからダウンロードできます。
https://www.jikkyo.co.jp/ の"書籍・ダウンロード検索"で「Office2021 で学ぶコンピュータリテラシー」を検索してください。

ま え が き

リテラシー（literacy）とは、読み書きをする能力のことです。Web 上のフリー百科事典「ウィキペディア」では、コンピュータリテラシーを「コンピュータを操作して、目的とする作業を行い、必要な情報を得ることができる知識と能力」と説明しています。

近年、スマートフォンの普及により、携帯機器は音声通話よりも、むしろネット端末として利用されることが多くなってきました。このような状況下では、あふれかえる情報から必要なものを的確にセレクトし整理する能力、まさにコンピュータリテラシーの能力が以前にも増して求められるようになってきているといえるでしょう。

一方、現在の高校教育では、「情報」の授業が必修となり、PC の低価格化も手伝って、高校卒業までには、ほとんどの人が何らかの形で PC に触れています。しかし、日常で操作する情報機器の主流がスマートフォンになってしまっているためか、最近では、若い人たちの世代でも、単純なパソコンの操作、アプリケーションの操作に不自由することが多いように感じます。

そこで、このようなコンピュータリテラシーについて、特に大学や専門学校等での学習を想定し、Microsoft 社の Windows と Office を中心に、PC の基本操作と日本語ワープロ、表計算を中心としたリテラシーの解説書を著すことにしました。幸い、これまでに多くの高等教育機関で使用され好評を得てきたのですが、近年では、Word や Excel 等の Office 製品群は、Microsoft365 として契約年数によるライセンス形態で提供される形が主流となってきました。

Microsoft365 はバージョンアップされる度に機能が追加されていきますので、毎年ライセンス料を支払うことになりますが、その時点での最新の機能が利用できるのが特徴です。一方、今回発表となったOffice2021 は永続ライセンスの形態を取っており、Office2019 から 2 年ぶりのバージョンアップとなります。内容的には、Microsoft365 のある時点での機能を取捨選択して盛り込んだものとなっています。

本書は全 6 章からなりますが、各章は以下のように構成されています。

第 1 章：Windows の基本操作のほか、文字入力やファイル操作法について解説しています。
第 2 章：ワープロを利用することで、DTP（DeskTopPublishing）的な使い方も習得しましょう。
第 3 章：表計算ソフトにより、情報を加工し、表現する手法を学びます。
第 4 章：インターネットの概念、電子メール、Web について解説しています。
第 5 章：Web サイトの作成方法を学習します。
第 6 章：プレゼンテーションの手法を学習します。アニメーション効果を上手に使いましょう。

各章は独立しておりますので、どの章から始めても無理なく学習できますが、第 1 章の「ファイル操作」はすべての実習の基本となりますので、初めに必ず習得してください。

本書は、初めてコンピュータを操作する人はもちろん、これまで PC を使ってきた人が Windows11と Office2021 を無理なく使いこなせるよう、図解を多く取り入れ、独学でも十分学習できるように配慮して記述しました。本書の内容が習得できているのであれば、コンピュータリテラシーに関する基礎知識は十分に身についているはずです。さらに、ご自身の専門分野でこの知識を発展し役立てていただけましたら、筆者のこれに勝る喜びはありません。

最後になりましたが、本書の出版にあたっては、実教出版の永田東子様に大変お世話になりました。この場を借りて、心からお礼を申し上げます。

2022 年 12 月　　　　　　　　　　　　　　　　　　　　　　　　　　　小野目如快

も　く　じ

第1章　Windowsの基本操作

　Windows11では、パソコン向けの「デスクトップモード」に加え、タブレットなどが備えるタッチ操作に適した「タブレットモード」も用意されています。この章では、おもにデスクトップモードを中心に、適宜タッチ操作を解説するとともに、エクスプローラーによるファイル操作を学習します。

1.1　Windowsの起動と終了

1.1.1　Windowsの起動画面

　Windowsを起動して最初に表示されるのがデスクトップです。スタートボタンを押して表示されるスタートメニューには、利用できるアプリや最近利用したファイルなどが表示されています。

□**アイコン**

　絵文字のことです。文字による記載より直感的に判断しやすいため、Windowsでは多くのアイコンが使用されています。図ではデスクトップ上にゴミ箱アイコンが配置されています。

□**タスクバー**

　スタートボタンの他、実行中のアプリや開いているフォルダーなどが表示されます。すぐに起動できるように特定のアプリも登録できます。

□**通知領域**

　時計、音量調節などが表示されます。 ∧ をクリックすることで、より多くの情報を表示できます。

□**ウィジェットボタン**

　天気と気温が表示されています。クリックすると各種ウィジェット(小さく表示される単機能のアプリ)が表示されます。

□**スタートボタン**

　クリックしてスタートメニューを表示します。

□**検索ボックス**

　ウェブ検索のほか、パソコン内のアプリやファイルを検索することもできます。タスクバーの 🔎 [検索] ボタンでも同様の検索ができます。

□**ピン留め済み**

　よく使うアプリを登録しておくと、すぐに起動できます。 ⚙ [設定] ボタンでWindowsの各種設定を変更できます。

□**おすすめ**

　最近インストールしたアプリや、最近使ったファイルなどが表示されます。

□**ユーザーアカウント**

　現在Windowsにサインインしているユーザーが表示されます。ここからサインアウトなどの操作ができます。

■ 1.1.2 マウス操作

マウスには上部に2つのボタンがあります。通常は左ボタンを使用します。本書では特に断らない限り、左ボタンを指定するものとします。

□ポイント

マウスポインターを画面上の目的の位置に合わせることです。

□クリック

マウスのボタンを1回押して離します。

□ダブルクリック

マウスのボタンを続けて2回、クリックします。

□ドラッグ

ボタンを押したまま、マウスを移動する動作のことです。もちろん、最後にボタンを離します。

■ 1.1.3 タッチ操作

タブレットに限らず、タッチ対応のディスプレイを使用している場合は、画面をタッチすることで各種操作をすることが可能です。タッチ操作の代表的なものを紹介します。

□タップ

指で画面をトンとたたく操作です。マウスの左クリックに相当し、アイコンやメニューなどを選択/実行します。

□長押し

指で画面を一定時間押し続けます。対応するアプリでは詳細情報を確認できます。マウスの右クリックに相当し、入力文字の選択でも利用します。

□回転

2本の指を画面において回転させると、項目が回転します。

□スワイプ

1本の指で画面上をなぞります。マウスのホイールやドラッグ操作に相当し、画面をスクロールしたり、オブジェクトを移動したりします。また、画面の右端から内側にスワイプすると通知の確認等をするアクションセンターが表示されます。

□ピンチ

2本の指で画面をタッチし、指を互いに近づけるか(ピンチイン)、遠ざけます(ピンチアウト)。画像や地図などでは表示の縮小/拡大が行われます。

■ 1.1.4 Windowsの終了

Windowsを終了するには、以下のいくつかの方法があります。

●スタートメニューから［電源］をクリックし、希望の動作を選択します。

・スリープ：起動中のアプリは終了しません。次回、電源をONにすると素早く起動し、画面は終了時そのままが表示されます。スリープ中にわずかに電力を消費します。

・シャットダウン：起動中のアプリはすべて閉じ、コンピューターは完全にOFFになります。

・再起動：シャットダウン後、再起動します。

●スタートボタンを右クリックして表示されたメニューから［シャットダウンまたはサインアウト］より希望の動作を選択します。

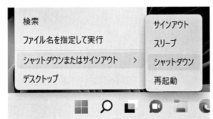

●タスクバーをクリックした後、［Alt］＋［F4］キーを押して「Windowsのシャットダウン」画面を表示し、希望の動作を選択します。

1.2　アプリの基本操作

　Windowsでは、すべてのアプリはウィンドウを開き、その中で作業をしていくことになります。ここでは、「ペイント」や「メモ帳」を例に、ウィンドウの基本操作を習得します。

1.2.1　アプリの起動

　アプリの起動は、スタートボタンでスタートメニューを表示し、［すべてのアプリ］をクリックして表示されたアプリ一覧から希望のアプリをクリックします。

　アプリが多数インストールされていると、なかなか目的のアプリを探せない場合があります。検索ボックスにアプリの先頭の数文字を入力することで、すばやくアプリを起動することができます。

左の例では「ペイント」アプリを起動するのに、検索ボックスにローマ字で「pei」と入力していますが、「pai」(英語)、「ぺ」(ひらがな)、「ペ」(カタカナ)でも検索可能です。

　頻繁に使用するアプリは、デスクトップ、ピン留め済み、タスクバーに登録して、より簡単に起動することができます。

●デスクトップへの登録：スタートメニューに表示されたアプリのアイコンをデスクトップにドラッグ＆ドロップします。

●ピン留め済み、タスクバーへの登録：スタートメニューに表示されたアプリのアイコンを右クリックし、表示されたショートカットメニューから「スタートにピン留めする」または「タスクバーにピン留めする」を選択します。

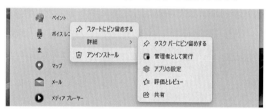

　アイコンを削除するには、アイコンを右クリックして表示されたショートカットメニューから 🗑 ［削除］や［～ピン留めを外す］を選択します。

◆練習

・「ペイント」と「メモ帳」を起動し、タスクバーにアイコンが表示されるのを確認してください。

タスクバーのアイコンをポイントすると、アイコンの上にプレビューが表示されます。

■ 1.2.2 ウィンドウの各部の名称と役割

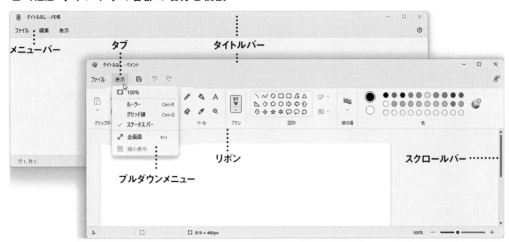

□ **タイトルバー**

　タイトルバーにはそのアプリの名称とファイル名が表示されます。

　上の例では、まだ何も保存してないので、ファイルは存在せず、「タイトルなし」となっています。

□ **メニューバー**

　タイトルバーの下にある、文字の記載されたバーです。アプリの各種操作はメニューバーより指示します。

□ **プルダウンメニュー**

　メニューバーの各項目をクリックすると下方向に表示されるメニューです。

□ **リボン**

　作業に必要なコマンドが操作の種類ごとにまとめられています。

□ **スクロールバー**

　表示する幅が大きすぎて画面に収まりきらないとき、画面の右と下にスクロールバーが表示されます。

■ 1.2.3 ウィンドウ操作

最小化と最大化

　タイトルバーの右側には次のボタンがあります。

□ ✕ **閉じるボタン**

　起動しているアプリを終了します。

□ ― **最小化ボタン**

　ウィンドウをタスクバーに格納します。最小化はアプリを終了したわけではありません。タスクバー上のボタンを押すことで、元の大きさのウィンドウに戻ります。

□ ☐ **最大化ボタン**

　ウィンドウをデスクトップ全体に表示します。タイトルバーをダブルクリックしても最大化できます。

□ ❐ **元のサイズに戻すボタン**

　最大化前のウィンドウの大きさに戻ります。タイトルバーをダブルクリックしても戻ります。

◆練習

・「ペイント」のウィンドウの大きさを　最大化 ⇔ 通常 ⇔ 最小化　の状態に変更します。

　　　　　3つの状態を相互に自由に変更できますか？

・「ペイント」の ✏ ［鉛筆］ボタンが選択されていることを確認し、キャンバス（ウィンドウ内の白地の部分）内をドラッグして、線を引いた後、「ペイント」を終了します。

　閉じるボタンで終了しようとすると、図のようなメッセージが出てきます。何も描いていなければ即座に終了となりますが、線を描いたため、これを保存しなくてよいか、確認を求めてきたのです。［保存しない］をクリックして終了します。

ウィンドウの移動とサイズ変更

　ウィンドウが最大化されていないとき、そのウィンドウはタイトルバーをドラッグすることにより、デスクトップの自由な位置に移動することができます。

　ウィンドウを画面の左右端に移動すると、自動的に画面の半分のサイズに変更されて配置されます。また、上端に移動すると最大化表示されます。

　ウィンドウの境界をドラッグすると、ウィンドウの大きさを変更できます。特に、上下の境界を画面の端まで移動すると、自動的に上下方向一杯までウィンドウが広がります。

ウィンドウが自動でサイズ調整される機能を無効にするには、［スタートボタン］－［設定］－［システム］－［マルチタスク］－［ウィンドウのスナップ］をオフにします。

1方向への変更　　2方向同時変更

　□ や 🗗 をポイントするとスナップレイアウトが表示されるので、表示させたいエリアを選択します。複数のウィンドウにスナップレイアウトを適用することで、簡単にウィンドウを整列できます。

スナップレイアウトの機能は［ウィンドウのスナップ］をオンにして、詳細設定でスナップレイアウトの表示にチェックを入れます。

アクティブウィンドウとアプリの切り替え

　ウィンドウを複数開いたとき、一番手前に表示され操作対象となっているウィンドウをアクティブウィンドウと呼びます。

　操作するアプリを切り替えるには、対象となるウィンドウをクリックするのが簡単ですが、ウィンドウが重なっていて、うまくクリックできないときは、タスクバーのアイコンをクリックします。

　［Alt］キーを押しながら［Tab］キーを押すと、ウィンドウのサムネイル一覧が表示されます。［Tab］キーを押すたびに選択画面が右に進みます。［Shift］キーも同時に押すと左に進みます(行き過ぎたときに戻すのに便利です)。目的のサムネイルで［Alt］キーを離すと、そのアプリケーションがデスクトップの前面に表示されます。

仮想デスクトップ

　タスクバー内にある 🖿 ［タスクビュー］ボタンをクリックすると、上部に起動しているアプリが一覧表示され、その下に仮想デスクトップの切り替え画面が表示されます。仮想デスクトップとは、ＰＣのデスクトップを仮想環境で複数作成できる機能です。この機能を使えばアプリやウィンドウを切り替えたり、削除したりする必要なく、デスクトップ画面そのものを切り替えながら作業できます。仮想デスクトップの切り替え画面で「新しいデスクトップ」をクリックして画面を追加したり、サムネイル右上の ☒ をクリックして画面を削除できます。

スクロールバー

　表示する領域が大きすぎてウィンドウに収まりきらないとき、ウィンドウの右と下にスクロールバーが表示されます。このスクロールバーを利用し、表示を上下左右にスクロールさせることができます。スクロールのさせ方は次の3通りあります。

・スクロールバーを直接ドラッグ・・・・・・・・任意の位置に移動します。
・スクロールバーの端の三角ボタンをクリック・・・少しずつ移動します。
・スクロールバーの両側の空き領域をクリック・・・一気に1画面分スクロールします。

1.3 ファイルとフォルダー

　ワープロで文書を作成したり、グラフィックソフトで絵を描いた場合、作成したデータはコンピューターの電源をOFFにすると消えてしまいます。データを後で利用することも考え、作成したデータはUSBメモリ等、何らかのメディアに保存しておくのが普通でしょう。

　作成したデータは、メディア上に「ファイル」という形で、そのファイルの内容を表す「ファイル名」を付けて保存されます。

　使用していくにしたがい、メディアにはたくさんのファイルがたまっていくことになります。そうすると、ファイル名を別の名前に変更したり、ファイルを別のメディアに移動したりといった操作が必要になってきます。

■ 1.3.1 エクスプローラー

　Windowsでファイルを操作するには、「エクスプローラー」というアプリを使用します。タスクバーの　　　　［エクスプローラー］ボタンをクリックし、アプリを起動します。

　■ キー＋ ［E］キーでも起動することができます。
　複数のエクスプローラーを起動する場合は、［Shift］キーを押しながら　　　をクリックします。

　画面の左側のエリアをナビゲーションウィンドウといい、ナビゲーションウィンドウで選択された項目の内容が右側のフォルダーウィンドウに表示されます。

　［表示］をクリックし、メニューから8つの表示方法が選択できます。

各アイコン	内容がファイル名とともに表示されます。
	ウィンドウ右下の □ をクリックすると、大アイコンが選択されます。
一覧	名前の一覧が表示され、小さなアイコンがその横に表示されます。
詳細	名前、種類、サイズ、更新日時などの詳細な情報が表示されます。
	ウィンドウ右下の ≡ をクリックしても選択できます。
並べて表示	ファイル名と容量の他、画像はそのまま表示されます。
コンテンツ	情報が2行で表示されます。画像も表示されます。

コンパクトビューにチェックを入れると、表示されるファイルやフォルダーの間隔が狭くなり、より多くの行を表示できるようになります。

ドライブ

　ナビゲーションウィンドウより、　 > 💻 PC 　をクリックすると、フォルダーウィンドウに使用しているコンピューターの構成（記憶媒体）がドライブとして表示されます。

　 > 💻 PC 　の左側の 〉 をクリックすると、〉 は ∨ に変化し、その下に、現在利用できる記憶媒体等が表示されます。ただし、DVDドライブやUSBメモリなどはメディアが挿入されて初めて表示されます。

　各ドライブにはアルファベットが割り振られ区別されます。各アプリで作成したデータを保存するときは、必ずどの場所に保存するかを指定する必要があります。

フォルダー(ディレクトリ)

　私たちが書類を整理するときを考えてみましょう。ただ闇雲に書棚に入れておくのではなく、○○に関する資料、××に関する資料とジャンル分けをして整理するのが普通でしょう。さらに、ジャンル分けした各書類はフォルダーに入れて整理しておくと目的の書類を見つけるのも容易です。

　コンピューターで作成したデータも同じです。各ドライブに無造作に保存しておくのではなく、ジャンルごとにフォルダーを用意し、作成したデータは各フォルダーに保存するようにします。

　エクスプローラーではこの「フォルダー」は 　　　　 で示されます。

ルート

　Cドライブには Windows のシステムが入っていますので、すでにたくさんのフォルダーが存在していることがわかります。各フォルダーの左側の ❯ をクリックしてさらにその中のフォルダーを開いてみましょう。フォルダーが、そのドライブを基礎として、樹木(ツリー)が広がっていくように形成されていることがわかります。そこで、一番おおもとにあたるドライブのことを、「ルート」(樹木の根)と呼びます。「ファイルをルートに保存します」とか、「ルートにはファイルを作成せず、フォルダーを作ってその中に保存します」というようないい方をします。

ファイル名と拡張子

　Windows では、プログラムやデータは1つひとつ何かしらの名前がついて、ファイルとして保存されます。その名前を「ファイル名」といい、すべてのファイル名は

　　　　　○○○.　×××

の形式をとります。○○○の部分は自分で任意に命名できますが、「.」(ピリオド)後の×××の部分は拡張子と呼ばれ、そのファイルがどのような性質のものなのかを表しています。

　　拡張子の一例

　　　　　.txt　　　テキスト(文字)データ

　　　　　.bmp　　グラフィックデータ(Windowsでの標準データ形式)

　　　　　.jpg　　　グラフィックデータ(写真データによく用いられる圧縮されたデータ形式)

　　　　　.docx　　Wordによるワープロデータ

　　　　　.exe　　　プログラム

　ピリオドを付けずに、拡張子のないファイル名とすることも可能です。しかし、ファイルの性質がわからなくなるので、そのようなファイル名の使用はやめましょう。

エクスプローラーからのアプリ起動

　ファイル名の左側のアイコンがアプリのアイコンになっている場合、ファイルをダブルクリックすると、自動的にそのアプリが起動し、ファイルが読み込まれた状態になります。

　　　　ダブルクリックの間隔が開きすぎると、ファイル名の変更モードになってしまいます。

　　　　このような場合は、ファイル名の枠以外の場所をクリックし、再度やり直します。

　このように、拡張子をクリックすると、そのファイルを編集できるアプリが自動的に起動する場合、「拡張子とアプリが関連付けされている」といいます。

すでにアプリが起動済みの場合、エクスプローラーより該当するファイルをアプリのウィンドウにドラッグ&ドロップすることでもアプリにファイルを読み込ませることが可能です。

◆練習

・ペイントで適当な絵を描いて保存し、エクスプローラーから保存したファイル名をダブルクリック
し、関連付けされたアプリケーションに読み込ませてみましょう。

ペイントで保存したファイルは拡張子が png となりますが、png の関連付けがペイントではなく、
他のアプリになっている場合、別のアプリケーションが起動します。

・あらかじめペイントを起動しておき、保存したファイル名をエクスプローラーからペイントのウィ
ンドウにドラッグ＆ドロップしてペイントにファイルを読み込ませてみましょう。

ファイルの表示

ナビゲーションウィンドウでフォルダーを選択すると、そのフォルダーの中身がフォルダーウィンド
ウに表示されます。

もし、フォルダーウィンドウでファイルの拡張子が表示されていない場
合は、［表示］－［表示］で「ファイル名拡張子」にチェックを入れます。

フォルダーウィンドウに表示されるファイルの内容は、一般的には次の
項目名のとおりです。

名前	「フォルダー名」または「ファイル名」が表示されます。
更新日時	そのファイルを作成した日時です。
種類	ファイルの拡張子より判断して、ファイルの種類を表示します。
サイズ	おおよそのデータサイズがＫＢ（キロバイト）単位で表示されます。

なお、表示される項目は、項目名を右クリックして表示されたメニューから自由
に追加削除できます。

項目名をクリックするとデータをソート（並び替え）することができます。ク
リックするたびに昇順、降順の順で変化していきます。

各項目の表示幅は自由に調節できます。項目名の右端にマウスカーソルをポイ
ントするとカーソルの形が次のように変化します。

そのままドラッグして希望の幅に調節します。また、ダブルクリックするか項目名を右クリックして
表示されたメニューから［列のサイズを自動的に変更する］を選択すると、表示されているファイル名
の最大長の長さに自動的に調節されます。

表示されている各ファイルの詳細は、そのファイル名を右クリックして
表示されるショートカットから「プロパティ」を選択すると確認できます。

◆練習

・Ｃドライブの任意のフォルダーの中身を表示させてみましょう。

さまざまな拡張子があることを確認します。

・フォルダーウィンドウに各種の表示形態で表示させてみましょう。

・各項目の幅を調節してみましょう。

ドラッグ、ダブルクリックや［列サイズを自動的に変更する］でやってみます。

・各項目でデータをソートしてみましょう。

サイズは数値の順ですが、他の項目はどのような順にソートされるか注意しましょう。

・任意のファイルの詳細を表示してみましょう。

ファイルのサイズをフォルダーウィンドウで表示されているサイズと比較してください。

1.4 文字入力

文字の入力は、「Microsoft IME」という日本語入力機能を使って行います。入力した文字を漢字に変換する方法や、カタカナや記号の入力など、文書作成の基本となる入力操作をマスターしましょう。

■ 1.4.1 タッチタイピング

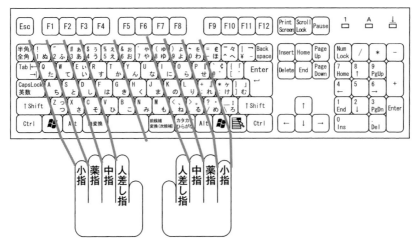

右手の人指し指をJ、左手の人指し指をFの上に置き、中指、薬指、小指を両側の各キーに置いた形をホームポジションといい、ホームポジションからの各指の分担は上図が基本となります。

JとFの2つのキーは、指の触感でもわかるようキートップに突起がついています。

キーボードを見ないで入力できる（タッチタイピング）ようになるためのコツは、キー入力した後、すぐにホームポジションに指を戻すくせを付けることです。

■ 1.4.2 文字の編集

ここでは、文字の入力練習だけなので、メモ帳を使用しますが、操作方法がある程度わかっているのであれば、Wordなどワープロソフトでもかまいません。

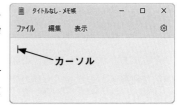

メモ帳のウィンドウ内の左上にあるのが「カーソル」です。キーボードからタイプされたデータはこのカーソル位置に入力されます。

文字の入力とカーソル

アルファベットはキーボードをそのまま押せば、対応した文字が入力されます。改行をする場合は、［Enter］キーを押します。

キーボードから、ａｂｃｄｅ・・ｘｙｚとアルファベット26文字を図のように打ち込んでみましょう。このとき、タイプミスは気にせず、ともかく最後まで打ち込んでください。

カーソルキーと呼ばれる、［→］［←］［↑］［↓］を使い、カーソルを移動してみましょう。

カーソルはマウスでポイントしてクリックしても移動できます。

挿入モード

　メモ帳に限らず、文字を入力するアプリケーションでは、「挿入モード」が標準です。挿入モードとは、文章の途中にカーソルがある場合、新たに文字を入力すると、その文字がカーソル位置に挿入され、カーソルの後ろにあった文字が後ろにずれていくような状態をいいます。これに対し、「上書きモード」とは、入力した文字がカーソル位置から古い文字を上書きしていくような状態です。

大文字・小文字

　1つのキーには1〜4つの文字が印刷されています。このうち、左側の文字はアルファベットや数値、記号等、英語圏で用いられているものです。そのままの状態でキーを押すと、アルファベットなら小文字、それ以外は左下に表示されている文字が入力されます。大文字や、左上の文字を入力したい場合は、[Shift] キーを押しながら入力します。

□Caps Lock

　続けて大文字を入力したい場合などは、いちいち [Shift] キーを押すのは面倒かもしれません。Caps Lockをかけることで、[Shift] キーを押しっぱなしの状態にすることができます。

　Caps Lockの設定＆解除は、[Shift] キーを押しながら、[Caps Lock] キーを押します。

　　　　　通常、Caps Lockがかかると、キーボード上のCaps Lockランプが点灯します。

◆練習

　・カーソルを適当な位置に移動し、任意の文字を入力します。

　・カーソルを適当な位置に移動し、[Enter] キーを押します。

　　　　　どのように改行されるか、確認しましょう。

　・アルファベットの大文字、数値、記号を入力します。

　　　　　あわせて、Caps Lockの機能も確認しましょう。

文字の削除

　どんなに慣れた人でもタイプミスは必ずあります。ミス入力をした場合は、間違った文字を削除して打ち直すのが基本です。

　　　　[Back Space]：カーソル左側（手前）の文字を削除します

　　　　[Delete]　　　：カーソル右側（後ろ）の文字を削除します

◆練習

　・上記で入力した文字や改行を削除し、元の状態に戻します。

　　　　　[Back Space] と [Delete] の機能を確認します。特に、改行の削除について理解してください。

■ 1.4.3 文字の表現方法

2進数の考え方

　コンピューター内部ではすべてのデータは0と1、すなわち2進数で処理されています。

たとえば、2桁の2進数では

　　　　00　01　10　11

と4通りのパターンが存在します。3桁ではどうでしょうか？

　　　　000　001　010　011　100　101　110　111

下2桁の変化は4パターンしかありませんが、3桁目が0と1の場合が存在するので、

　　　　4×2＝8パターンですね。

では、8桁では？上の例を規則的に拡張していくと、

　　　　パターンの数＝2×2×・・・・×2（2の個数は桁の数）

という関係になります。つまり、8桁では2の8乗で256パターンが存在することになります。

ビットとバイト

　コンピューターでは1桁を1ビットと表現します。また、8ビット（8桁）を1バイトと呼びます。つまり、1バイトあれば、256パターンを表現できることになります。

文字コード

　1バイト（＝8ビット）のデータを用い、たとえば、アルファベットのAを01000001に対応させ、Bを01000010に対応させ・・・と順次対応させていくと、数字、アルファベットの大文字・小文字、記号（？＃＊等キーボードに印刷されているもの）程度の数であれば、この256パターンの割り当てですんでしまいます。

　この対応を国際的に取り決めておけば、メディアなどに01000001と記録されたデータを、外国に持っていっても、読み出せば、Aが表示されるはずです。そこで、各パターンをそれぞれの文字に割り当てたコード表が国際的に取り決められ、ASCIIコードなどと呼ばれています。

　ところが、英語圏ではこのように1バイトのみで文章を表現できますが、漢字を表現しようとすると256パターンではとても数が足りません。そこで、日本語では2バイト（＝16ビット）を用いて文字を割り当てています。これなら2の16乗で65536パターンありますから、普段利用する程度の漢字を割り当てるには十分です。このコード表もJISで規格化されています。

半角文字と全角文字

　以上の理由で、文字には1バイト文字と2バイト文字が存在します。文章を表現するとき、データ量に比例して文字の大きさを調節したほうが都合がよいこともあって、1バイト文字は2バイト文字の半分の幅で表現されることが多いのです。そこで、

　　　1バイト文字：半角文字
　　　2バイト文字：全角文字

ともいいます。

　なお、最近では、世界中のさまざまな文字を扱えるよう、UTF-8と呼ばれる文字コードの使用が一般的となってきました。この場合、日本語の全角文字は3バイトで表現されます。

　2進、10進、16進の変換とJIS8ビットコードの対応は、巻末付録の表を参照してください。

■ 1.4.4　キーボードの文字記号の読み方

　キーボードには通常使わないような文字も印刷されています。ここで、文字の読み方を確認しておきましょう

文字(記号)	読　み　方	文字(記号)	読　み　方
~	チルダ／オーバーライン	/	スラッシュ
@	アットマーク	.	ピリオド／ドット
,	カンマ	|	パイプ／オア(or)／縦棒
-	ハイフン　／　マイナス	_	アンダーバー　／　アンダースコア
:	コロン	;	セミコロン
?	クエスチョンマーク　／　疑問符	!	エクスクラメーションマーク／感嘆符
*	アスタリスク／スター	%	パーセント
&	アンド／アンパサンド	#	シャープ　／　ナンバー　／　ハッシュマーク
$	ドル　／　ダラー	"	ダブルクォーテーション　／　二重引用符
¥	エンマーク	'	シングルクォーテーション／アポストロフィ
^	ハット　／　キャレット	>	大なり　／　右アングルかっこ
`	バッククォート	<	小なり　／　左アングルかっこ

■ 1.4.5 日本語入力

「ひらがな」モードと「半角英数」モード

「Microsoft IME」には5つの入力モードがありますが、通常は、日本語入力には「ひらがな」モード、半角入力には「半角英数」モードを使用します。

タスクバーのIMEアイコン（ あ や A ）をクリックするか、［半角/全角］キーを押すことで、あ ［ひらがな］モードと A ［半角英数］モードを切り替えることができます。

ローマ字入力とかな入力

入力方法には、ローマ字読みで入力するローマ字入力と、キーボードのかな表記のキーを押して入力するかな入力があります。本書ではローマ字入力で説明しますが、かなで入力したい人は、かな入力モードに変更します。

入力方法を切り替えるには、タスクバーのIMEアイコンを右クリックし、メニューから「かな入力(オ)」をクリックします。

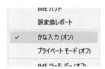 左図は、かな入力がオンの状態を表示しています。

ローマ字とかなの対応は、付録の「ローマ字とかな対応一覧」を参照してください。

単漢字変換

日本語入力は、最初にひらがなを入力し、必要に応じて漢字に変換していきます。

「大正」への変換例

(1) キーボードからTAISHOUと入力します。

ひらがなで「たいしょう」と表示されるとともに、予測変換機能により、変換候補が表示されます。

 ここで、目的の文字が表示されていれば、［Tab］キーやカーソルキーで選択し、［Enter］キーで確定します。

変換候補は、クリックしても選択できます。

(2) 予測変換に該当の文字がなければ、［Space］キーで変換します。

第一候補の漢字が表示されます。例では「対象」が表示されています。

対象

(3) もう一度、［Space］キーを押します。

 2回［Space］キーを押すことで、同じ読みをもつ他の漢字がリストで表示されます。また、リストの右に ▯ マークがある場合は、その語句の簡単な説明が表示されます。

(4) 希望の漢字を選択します。

> 選択直後は文字にアンダーラインが付いています。この状態にある場合は、自由に再変換できます。
> 変換されるのは漢字だけではありません。一般的なカタカナ語であれば、変換の操作でカタカナに
> 変換されます。

◆練習

・次の漢字を入力してみましょう。

　　協　　浄　　硬球　　汽車　　解法　　荒涼

・次のカタカナを入力してみましょう。

　　ハイキング　　スポーツ　　バスケット　　ヴァイオリン　　フィレンツェ

文節変換

「ここでは着物をぬぐ」と「ここで履物をぬぐ」を例にとり、文節変換をしてみましょう。

□「ここでは着物をぬぐ」の例

(1) キーボードからKOKODEHAKIMONOWONUGUと入力します。

> ひらがなで「ここではきものをぬぐ」と表示されます。
>
> ここではきものをぬぐ|

(2) [Space] キーを押して変換します。

> 構文を適当な文節に区切って変換します。例では「ここでは」「着物を」「脱ぐ」と3つの文節に変換
> されています。このうち、一番太い下線のついているのが再度 [Space] キーを押したときの変換対
> 象です。
>
> ここでは着物を脱ぐ|

(3) 「脱ぐ」を「ぬぐ」にするために、[→] キーを押し、変換対象を「脱ぐ」にします。

> 文節ごとに区切られた変換対象を移動するには、[←] または [→] キーを使用します。
>
> ここでは着物を脱ぐ|

(4) ひらがなへの変換は [F6] キーを使用します。

> ここでは着物をぬぐ|
>
> 再度 [Space] キーを押して、リストより「ぬぐ」を選択してもよいのですが、[F6] キーを押して、
> 直接ひらがなにしてしまったほうが効率がよいでしょう。

□「ここで履物をぬぐ」の例

(1) キーボードから「ここではきものをぬぐ」と入力し、[Space] で変換します。

> 「ここでは着物をぬぐ」の操作と同じです。

(2) 文節「ここでは」を「ここで」にするため、[Shift] キーを押しながら [←] キーを押し、文節の
長さを短くします。

> 文節の長さを変更するには、[Shift] キーを押しながら、[←] または [→] キーを押します。
>
> ここでは着物を脱ぐ|

(3) [→] キーを押して変換対象を「は」に移動後、[Shift] キーを押しながら [→] キーを押し、文
節を「はきものを」として変換します。

> ここではきものを脱ぐ| → ここで履物をぬぐ|

再変換

確定後の文字列を再変換することができます。再変換したい文字列を範囲指定し、[Space] キーを
押します。

ファンクションキー

まだ確定していない文字は、［F6］～［F10］キーで、即座に次のように変換できます。

- ［F6］：ひらがな
- ［F7］：全角カタカナ
- ［F8］：半角カタカナ（変換前がひらがなorカタカナ）／半角英数字（変換前が英数字）
- ［F9］：全角英数字
- ［F10］：半角英数字

［F9］と［F10］キーは押すたびに、小文字→大文字→1文字目のみ大文字→小文字 と変化します

◆練習

・次の文章を入力してみましょう。

貴社の記者が汽車で帰社した
バスにガイドが添乗しています
ジキルとハイドの物語を読んだことがありますか？
夏草やつわものどもが夢の跡
彼女は愛と恋に生きた人生を送った
その宝箱はもう空の箱になってしまった
入れたてのお茶をおいしくいただいた

手書き入力

読みのわからない漢字は、マウスによる手書き入力を利用することができます。ここでは、「亢」という漢字を入力してみましょう。

⑴ タスクバーのIMEアイコンを右クリックし、［IMEパッド］を選択します。

⑵ IMEパッドが表示されるので、左側のメニューより［手書き］を選択します。

⑶ 手書き入力用のウィンドウが表示されるので、マウスをドラッグして字を描きます。

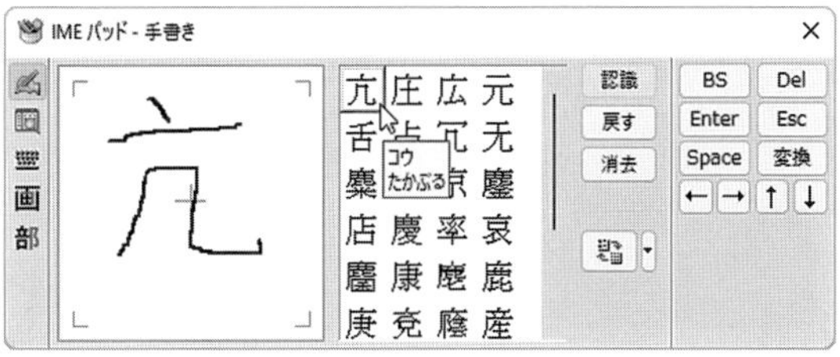

⑷ ［認識］ボタンが押されていれば、入力していくにつれて、右側のウィンドウに候補の漢字が表示されていくので、希望の漢字をクリックして入力します。

その他の入力

IMEパッドの左側のボタンより、画［総画数］や部［部首］でも漢字を検索できます。

◆練習

・次の漢字を入力してみましょう。

兮　佽　喙　婀　隝

・自己紹介文を書いてみましょう。

400文字以上入力します。

1.5　画像データとテキストデータ

ここでは、実際にデータを保存し、その性質を調べてみます。

1.5.1　画像データ

Windowsで標準的に扱われる画像データはBMP形式と呼ばれるデータです。

画像は非常に小さなマス目の1つ1つに色が入って構成されています。この1つひとつのマス目をピクセルまたはドットといいます。

データ作成

「ペイント」を起動し、100×100ピクセルの画像データを作成します。

(1)　［ファイル］より、［画像のプロパティ］をクリックします。

(2)　［イメージのプロパティ］ダイアログボックスが表示されるので、［幅］と［高さ］を100に設定します。

ウィンドウの操作中に内容を確認する場合や設定を変更する場合、あるいは問題が発生した際に表示されるウィンドウを「ダイアログボックス」といいます。

描画領域をキャンバスといいます。キャンバスの大きさは、左図のダイアログボックスで数値で指定できるほか、キャンバスの周りにある ■ ［ハンドル］をドラッグしても変更できます。

(3)　［OK］ボタンをクリックすると、描画できる範囲が100×100ピクセルとなります。

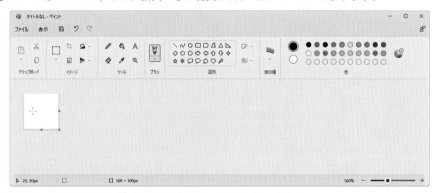

(4)　絵を描きます。練習なので、適当に何か描けていればかまいません。

ペイントの操作方法

- 描画する線の種類は ✏ ［鉛筆］、🖌 ［ブラシ］から選択します。
- 描画する線の太さは ≋ ［線の幅］から指定できます。
- ● ［色1］が描画色、○ ［色2］が背景色です。それぞれに色を設定できます。
- マウスの左ボタンで描画します。右ボタンを使用すると背景色で描画しますが、 ◇ ［消しゴム］のみ、左ボタンで背景色の描画となります。
- ◇ ［塗りつぶし］は描画色で塗りつぶします。右ボタンでは背景色での塗りつぶしとなります。
- A ［テキスト］で文字を入力できます。
- 🔍 ［拡大鏡］でキャンバスを左クリックで拡大、右クリックで縮小できます。同様の操作は画面右下の 100% ─●────+からも可能です。（［表示］より、［ステータスバー］をチェック）

⑸　［ファイル］より、［名前を付けて保存］で「BMP画像」を選択し、保存用のダイアログボックス
　　を開きます。ここでは、［ドキュメント］フォルダーにファイル名「gazou.bmp」で保存しましょう。

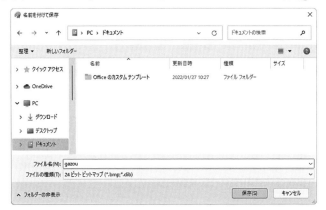

⑹　左側のフォルダーウィンドウで［ドキュメント］を選択します。
　　　　保存時には、必ず「どこに保存するのか？」を意識してください。

⑺　［ファイルの種類］で「24ビットビットマップ」を選択します。
　　　　JPEGやGIF等の圧縮形式も選択できますが、今回は、Windows標準の無圧縮の形式を選択します。

⑻　［ファイル名］の欄に「gazou」と入力します。
　　　　拡張子「bmp」は付ける必要はありません。保存時にシステムが自動的にファイル名の最後に
　　　　「.bmp」を付加します。もちろん、拡張子を自分で付けて「gazou.bmp」としてもよいのですが、タ
　　　　イプミスしてしまうと、意図しないファイル名となってしまうので、あえて入力する必要はないで
　　　　しょう。

⑼　［保存］ボタンをクリックすると、データが保存されます。

BMPデータ

　光の3原色は赤、緑、青です。舞台を照らすスポットライトを考えてみましょう。3色で照らすと白色
になり、3つとも消えると真っ暗になります。パソコンの画面も光の3原色で構成されています。どの色
をどれくらいの強さで光らせるかによって、すべての色を表現しているのです。

　色の光り方の強度は、各色ごとに8ビット（＝1バイト）ずつ割り当てられています。8ビットでは256パ
ターンが表現できるので、真っ暗から最大に明るい状態まで256段階の明るさで表現できることになり
ます。そして、赤、緑、青のそれぞれが256段階独立に光るので、その組み合わせからなる色のパター
ンは

　　　　$256 \times 256 \times 256 = 16{,}777{,}216$

　つまり、約1,600万色表現できるわけです。1つのピクセルの色を表現するのに、3色合計で24ビット（＝
3バイト）必要なため、この1,600万色の表現を24ビットカラーと呼びます。また、これだけの色数があ
れば、写真を表現してもほぼ「本当の色」で表現できるため、トゥルーカラーと呼んだりもします。

　このように、わずか1ピクセルを表現するのに、3バイト必要となります。では、今回のBMPデータ
のように、100×100ピクセルではどれくらいのデータ量になるでしょうか？

　　　　$100 \times 100 \times 3 = 30{,}000$

　3万バイトのデータ量になることがわかるでしょう。エクスプローラーを起動し、サイズを確認して
みましょう。

　BMP形式では、1ピクセルの色を24ビット使用して表現する他に、1ビット、4ビット、8ビットで表現することも可能です。ただし、使用できる色数はそれぞれ、2色、16色、256色となります。ペイントでデータを保存するときに、［ファイルの種類］を開いてみると、それぞれの形式で保存できることがわかります。

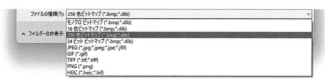

1.5.2　テキストデータ

　テキストデータとは、文字コードのみで構成されるデータです。文字の大きさを指定したり、罫線を入れたりといった、ワープロ的な内容は含みません。半角1文字が1バイト、全角1文字が2バイトに該当します。

メモ帳

　文字コード、つまりテキストデータのみを入力するアプリを「エディタ」といいます。エディタは高機能なものが市販されていますが、短いデータであれば、Windowsに標準でインストールされている「メモ帳」で十分です。

(1)　メモ帳を起動して次の文章を入力します。最後は［Enter］キーを押さず、改行しない状態にしておいてください。

> これはテキストファイルです

(2)　メニューバーより、［ファイル］－［名前を付けて保存］で保存用のダイアログボックスを開きます。［ドキュメント］フォルダーにファイル名「moji.txt」で保存しましょう。

> 　　BMPファイル同様、やはり拡張子「txt」は付ける必要はありません。メモ帳が自動的にファイル名の最後に「.txt」を付けてくれます。ただし、文字コードで形成されるテキストデータは拡張子が「txt」であるとは限りません。たとえば、C言語というプログラムを書くときは「.c」としますし、Webページを作成するときは「.html」とします。このようなときは、自分で拡張子まで指定することが必要です。

(3)　BMPファイル同様、エクスプローラーでサイズを確認してみます。サイズは「1KB」と表示されていますが、ファイル名を右クリックし、ショートカットメニューよりプロパティで詳細を表示してみましょう。「26バイト」と表示されていますね。

　　　　　　　　　　　　　　　　　　　左図のように、26バイトと表示されるのは、保存時に文字コード「ANSI」が選択された場合です。「UTF-8」が選択された場合は、全角1文字が3バイトで表現されるため、39バイトと表示されます。

1.6　ファイル操作

　ここでは、エクスプローラーを使用した、フォルダーやファイルの作成・削除・コピー・移動等の操作を中心に学習します。

■ 1.6.1 フォルダーの作成

(1)　フォルダーを作成する場所をナビゲーションウィンドウで選択します。

(2)　次のいずれかの方法で「新しいフォルダー」を作成します。

　　　・メニューから［新規作成］－［フォルダー］をクリックして作成

　　　・フォルダーウィンドウのなにもない部分で右クリックし、ショートカットメニューより作成

ナビゲーションウィンドウでフォルダーを作成する場所を直接右クリックし、ショートカットメニューから［その他のオプションを表示］－［新規作成］－［フォルダー］でも作成できます。

　　　仮に［新しいフォルダー］という名前で、フォルダー名が未決定の状態のものができます。

　　　フォルダー名「新しいフォルダー」が範囲選択された状態で、右端でカーソルが点滅しています。

(3)　そのままフォルダー名を入力し、［Enter］キーで決定します。

　　　もし、「新しいフォルダー」という名前で決定しても、後で名前を変更することは可能です。

■ 1.6.2 フォルダー名（ファイル名）変更

　ファイル名の変更もフォルダー名の変更とまったく同じです。以下ではフォルダー名の変更を説明します。

(1)　変更したいフォルダーを選択します。

(2)　次のいずれかの方法でフォルダー名を変更します。

　　　・メニューより、　［名前の変更］を選択

　　　・フォルダー名を右クリックし、ショートカットメニューから　［名前の変更］を選択

　　　・(1)のフォルダー名の選択から少し間をおいて、再度フォルダー名をクリック

　　　選択－再クリック　間隔が短いとダブルクリックとみなされ、それがフォルダーの場合は、フォルダーを開き、ファイルの場合は、関連付けされたアプリが起動してしまうので、注意してください。

(3)　フォルダー名が範囲選択され、右端でカーソルが点滅した状態になります。

　　　フォルダー作成時と同じ状態です。

(4)　そのまま新しい名前を入力します。

　　　名前の一部を変える場合は、範囲選択された部分をクリックするか、カーソルキーを押します。範囲選択が解除されカーソルが表示されるので、変更したい文字を修正します

◆練習

・「ファイル操作練習」フォルダーを作成し、そのフォルダー内に次のようにフォルダーを作成します。

フォルダーの中にさらにフォルダー（サブフォルダー）を作っています。

・フォルダー「男子」内に、「文書A.txt」「文書B.txt」「文書C.txt」「文書D.txt」「文書E.txt」の5つのファイルをメモ帳で作成します。文書の内容は任意です。

◾ 1.6.3 移動とコピー

ドラッグ＆ドロップ

ファイルやフォルダーを移動（コピー）するには、ドラッグ＆ドロップ（マウスのボタンを押しながら移動し、目的の場所でマウスのボタンを離す操作）で移動（コピー）させたい場所に持っていくだけです。

ドロップ直前のマウスカーソルのコメントにより、どのフォルダーにコピーか移動かがわかります。

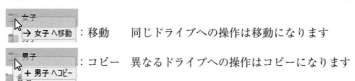

：移動　　同じドライブへの操作は移動になります

：コピー　異なるドライブへの操作はコピーになります

強制的に移動（コピー）させたい場合は、以下のキーを押しながらドロップします。

　　　強制移動　：［Shift］キーを押しながら

　　　強制コピー：［Ctrl］キーを押しながら

間違った場所に移動（コピー）してしまった場合は、［Ctrl］＋［z］で元に戻すことができます。

◆練習

・ファイルの移動

　フォルダー「男子」内の「文書A.txt」をフォルダー「女子」へ移動します。

・ファイルのコピー（その1）

　フォルダー「女子」内の「文書A.txt」をフォルダー「男子」へコピーします。

複数ファイルのコピー・移動

複数のファイルを指定する場合、［Ctrl］キーを押しながらファイルを追加していきます。

2つのファイルを指定し、その間のファイルをすべて選択するには、［Shift］キーを押しながら2つ目のファイルを指定します。

　　　　［Ctrl］や［Shift］キーを併用する選択方法は、エクスプローラーに限らず、Windowsのいろいろなところで応用できます。覚えておきましょう。

フォルダーウィンドウでマウスをドラッグして四角形を描きます。このとき、四角形が該当ファイルにかかるようにドラッグすると、複数のファイルを選択できます。その後、どれか1つを目的のフォルダーに移動（コピー）します。

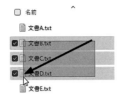

［表示］－［表示］で、［項目チェックボックス］をチェックしておくと、ファイル名の左側にチェックボックスが表示されます。選択したいファイルにチェックを入れると、複数のファイルを選択することができます。

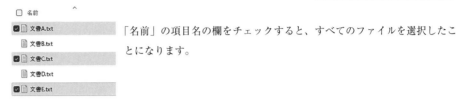

「名前」の項目名の欄をチェックすると、すべてのファイルを選択したことになります。

◆練習
・ファイルのコピー(その2)

　　フォルダー「男子」内の「文書A.txt」「文書C.txt」「文書E.txt」を、「合唱」内に一度にコピーします。

　　フォルダー「男子」内の「文書B.txt」～「文書D.txt」を、「陸上」内に一度にコピーします。

フォルダーの移動・コピー
　フォルダーをドラッグ＆ドロップすると、そのフォルダーの内容すべてが移動(コピー)します。

　フォルダーに対しても、［Ctrl］や［Shift］キーによる一括指定が可能です。

◆練習
・フォルダーのコピー

　　フォルダー「バレー」と「陸上」をサブフォルダーも含めて、フォルダー「体育祭」内に一度にコピーします。

・フォルダーの移動

　　フォルダー「クラブ」－「バレー」内の「男子」「女子」2つのフォルダーを、「試験」－「後期」内へ一度に移動します。

■ 1.6.4 削除
　ファイルやフォルダーを削除するには、データを「ごみ箱」にドラッグ＆ドロップする方法と、メニューから指定する方法があります。

ごみ箱を利用した削除
　エクスプローラー上で削除対象となるフォルダーやファイルを選択し、デスクトップにある［ごみ箱］にドラッグ＆ドロップします。データを削除すると、ごみ箱の形が 🗑 から 🗑 に変わります。🗑 の状態ではデータはまだごみ箱に保管されており、間違って削除してしまった場合などに備え、復活させることが可能です。ただし、この機能はUSBメモリ等の取り外し可能なメディアは対象になりません。

□ごみ箱のデータを元に戻す
　ごみ箱をダブルクリックすると、削除されたデータが表示されるので、該当ファイルを選択し、メニューから［選択した項目を元に戻す］をクリックするか、該当ファイルを右クリックし、ショートカットメニューから［元に戻す］を選択します。

□コンピューターから完全に削除する
　ごみ箱を右クリックし、ショートカットメニューより［ごみ箱を空にする］をクリックします。

その他の削除方法

エクスプローラーで、削除対象となるファイルやフォルダーを選択し、以下の方法でも削除できます。

・メニューから、🗑 [削除] をクリック

・削除対象のファイルを右クリックし、ショートカットメニューより 🗑 [削除] をクリック

・[Delete] キーを押す

◈練習

・ファイルの削除

　フォルダー「後期」内のフォルダー「女子」にある「文書A.txt」を削除します。

・フォルダーの削除

　フォルダー「体育祭」－「バレー」内のフォルダー「男子」「女子」をその中にあるファイルも含めて削除します。

■ 1.6.5 ファイルの検索

検索機能を利用すると、目的のファイルを素早く見つけることができます。

プログラムやファイル名の検索

検索したいフォルダーをフォルダーウィンドウで指定しておき、検索ボックスに検索したいキーワードを入力します。検索結果は、文字を入力するにしたがい絞られていきます。

検索ボックス

検索に必要な情報は「インデックス」(ファイルの一種)として保存されているので、検索ボックスにキーワードが入力されると、すぐに検索結果が表示されます。ファイル名にキーワードを含むだけでなく、本文にキーワードを含むファイルも検索されます。

検索後、メニューに表示された [検索オプション] をクリックし、より詳細な検索が可能です。

左図の例では、更新日が先月のファイルを指定しています。

検索フィルター

検索ボックスには「ブールフィルター」と呼ばれる式を直接入力して、詳細な検索を実行することもできます。ブールフィルターは大文字で入力する必要があります。

フィルター	例	用途
AND	Windows AND 11	「Windows」と「11」の両方が含まれる。ANDは&やスペースでも可。
NOT	Windows NOT 11	「Windows」は含まれるが「11」は含まれない。
OR	Windows OR 11	「Windows」または「11」のいずれかが含まれる。
引用符	"Windows 11"	「Windows 11」に完全一致。
>	更新日時：>2022/2/1	特定の値よりも大きな値を含むファイルを検索する。この例の場合、2022/2/1より後の日付を含むファイルが検索されます。
<	サイズ：<4MB	特定の値よりも小さな値を含むファイルを検索する。この例の場合、サイズが4MB未満のファイルが検索されます。KBやGBのような他のサイズを指定することもできます。

更新日時やサイズの他、ファイル名を右クリックして表示されたショートカットメニューから [プロパティ] － [詳細] を選択して表示されたプロパティ欄の項目でも検索できます。たとえば、「作成者:onome」と入力すれば、「作成者」に「onome」を指定した検索となります。

　フォルダーウィンドウの項目名右側の 🔽 をクリックすることで検索することができます。以下に更新日時とサイズの例を記載します。

カレンダーの年月の部分をクリックすることで、カレンダーを変更することができます。
カレンダーの日付をドラッグすることで、期間を指定することができます。

◈練習

　・次のファイルを検索してみましょう。
　　Ｃドライブ(HD)から、JPEGファイル(拡張子jpg)で2022年2月以降に更新されたファイル
　　ＰＣ内のすべての領域から、ファイル名に「文書」を含むテキストファイル

1.7　クリップボード

　クリップボードはWindowsでデータを加工するのに必須の機能です。しかし、内容を正しく理解しないで利用している人が多いのも事実です。ここでしっかりと理解しておきましょう。

1.7.1　クリップボードの考え方

　クリップボードとは、コンピューター本体内のデータの一時的な保管場所と考えてください。クリップボードには1件のデータのみを記憶させることができます。新たに別のデータを記憶させた場合、古いデータは削除されます。
　通常、クリップボードの操作は、アプリのメニューから［切り取り］、［コピー］、［貼り付け］を選択して行います。

ファイル	編集	表示	
	元に戻す		Ctrl+Z
	切り取り		Ctrl+X
	コピー		Ctrl+C
	貼り付け		Ctrl+V

左図はメモ帳の例です

切り取り(カット)　　　：指定部分を削除し、クリップボードへコピー
コピー　　　　　　　　：指定部分をクリップボードへコピー
貼り付け(ペースト)　：クリップボードからの貼り付け

ショートカット

　各メニューの右端には、「Ctrl+X」等の記述があります。これをショートカットといい、
　　［Ctrl］キーを押しながら［X］キーを押す
という意味です。Windowsにはさまざまなショートカットが定義されていますが、クリップボードの操作を含む次のショートカットは、Windowsを利用する上で最も頻繁に使用する操作です。必ずマスターしてください。

　　元に戻す　　　［Ctrl］＋［Z］　　　　　切り取り　　　［Ctrl］＋［X］
　　コピー　　　　［Ctrl］＋［C］　　　　　貼り付け　　　［Ctrl］＋［V］

🔳 1.7.2　クリップボードを利用した文書作成

サンプル文入力

ワードパッドで、次の文を入力しましょう。

> わたしはウィンドウを勉強しています
> あなたもウィンドウを勉強しています
> みんながウィンドウを勉強しています

1行目と2行目の「あなたも」まで入力します。「ウィンドウを勉強しています」は1行目と同じ文なので、クリップボードを利用して入力します。

クリップボードへのコピー

1行目の「ウィンドウを勉強しています」をマウスで範囲指定し、コピーの操作をします。

画面上ではまったく変化が見られませんが、データはクリップボードへコピーされています。

クリップボードからの貼り付け

2行目の「あなたも」の次にカーソルを移動し、貼り付けの操作をします。

3行目に「みんなが」を入力し、貼り付けの操作をします。

クリップボードの内容は、新規のコピー操作などでデータを上書きしない限り残ります。

🔳 1.7.3　画像のコピー＆貼り付け

任意の画像をクリップボード経由で他のアプリケーションに貼り付けることができます。

「ワードパッド」は「メモ帳」（エディタ）と異なり、ワープロです。文字の大きさを指定したり、文書中に画像を貼り付けることができます。

(1)　ワードパッドを起動したまま、さらにペイントを起動し、適当な画像を描きます。

(2)　▢［選択］をクリックし、描いた画像を範囲指定します。

テキストデータでも画像データでも、コピー（カット）の操作をする前に、範囲指定しておきます。

(3)　コピー操作により画像をクリップボードへコピーします。

(4)　ワードパッドで画像を挿入したい位置にカーソルを移動し、貼り付け操作を実行します。

貼り付けた画像は、枠の部分をドラッグして自由に拡大縮小ができます。

🔳 1.7.4　ウィンドウのコピー＆貼り付け

表示されている画面そのままのイメージを、クリップボードにコピーすることができます。

画面全体のコピー　　　　　　　：［Print Screen］

アクティブウィンドウのコピー　：［Alt］＋［Print Screen］

◆練習

・電卓の画面をワードパッドに貼り付けてみましょう。

電卓の画面をアクティブにし、［Alt］キーを押しながら［Print Screen］を実行します。その後でワードパッドに貼り付けを実行します。

ワードパッドでなく、他のアプリケーション（たとえばペイント）に貼り付けることも可能です。

🔳 1.7.5　画面のキャプチャー

現在の画面の状態を画像ファイルとして保存することができます。

🔳 キーを押しながら［Print Screen］を押すと、画面全体のキャプチャー画像が［ピクチャ］フォルダー内の［スクリーンショット］フォルダーにPNG形式で保存されます。

演習問題

(1) ワードパッドで新規に文書を開き、最初の行に番号と氏名を入力します。

(2) エクスプローラーでフォルダー「マルチメディア」を作成し、以下、次のようなフォルダー構造を作成します。

```
∨ 📁 マルチメディア
   ∨ 📁 ビデオ
      📁 テレビ
      ∨ 📁 映画
         📁 SF
         📁 アニメ
         📁 時代劇
   ∨ 📁 音楽
      📁 クラシック
      📁 ポップス
      📁 演歌
   ∨ 📁 写真
      📁 学園祭
      📁 旅行
```

(3) フォルダー「マルチメディア」に「data1.txt」「data2.txt」「data3.txt」「data4.txt」「data5.txt」の5つのファイルを作成します。内容は任意です。

(4) 以下のファイル操作を順番に実行します。

　　　「data2.txt」「data3.txt」「data4.txt」を「テレビ」にコピーします。

　　　「data1.txt」「data3.txt」「data5.txt」を「学園祭」にコピーします。

　　　「ビデオ」にあるフォルダー「テレビ」を「映画」に移動します。

　　　「演歌」を「ジャズ」に名称変更します。

　　　フォルダー「マルチメディア」に作成した5つのファイルを削除します。

(5) 上記の操作でできたフォルダーの構造を示すため、エクスプローラーの画面イメージをワードパッドに貼り付けます。このとき、各フォルダー内にファイルが存在する場合は、そのファイルの存在場所が確認できるようにナビゲーションウィンドウで該当フォルダーを選択した画面イメージをワードパッドに貼り付けます。

　　　複数のエクスプローラーの画像が必要です。

(6) ペイントのリボンに配置してある任意のアイコン5つを切り取り、上記のエクスプローラーの画像の下に5行分挿入し、各アイコンの説明文を右に書きます。

(7) Cドライブ内で　拡張子が txt　でファイルの大きさが10KBより小さいファイル名をすべて検索し、次の結果を記述します。

　　　どのような検索方法をとりましたか。

　　　いくつのファイルが検索されましたか。

　　　サイズの一番大きなファイル名は何でしたか、その正確なサイズも記入します。

　　　上記ファイルを開き、その最初の10文字をアイコンの下に記載します。

(8) 印刷します。A4用紙1枚に収まらない場合は(5)の画像を縮小し1枚にまとめます。

第2章　ワードプロセッサ

一時期、日本語ワードプロセッサの機能進化には目覚しいものがありました。Wordも改訂を重ねるごとに多機能・高性能となり、もはやワープロという分類に収まりきらない巨大なソフトになっています。しかし、最近では、高機能化よりもむしろ使いやすさに重点がおかれて改訂されているので、高機能だから難しいということはなくなっています。安心して、1つひとつの機能をしっかりとマスターしていきましょう。

2.1　Wordの基本画面

2.1.1　画面構成

ここでは、Word特有の以下の語句について説明します。

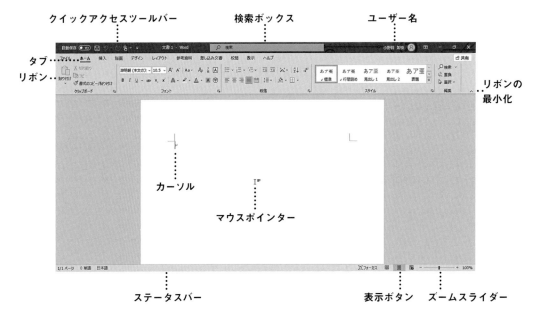

□**クイックアクセスツールバー**

　よく使うボタンをここに配置しておくと、ワンタッチで実行できます。

□**リボン**

　作業に必要なコマンドが、関連する機能ごとにタブに分類されています。

□**マウスポインター**

　作業状況によって、マウスポインターの形が変わります。

□**検索ボックス**

　入力したキーワードに関連する検索やヘルプが表示されます。

□**ユーザー名**

　Officeにサインインしているアカウントの情報が表示されます。Microsoftアカウントでサインインしている場合、マイクロソフトのオンラインサービスが利用できます。

□**ステータスバー**

　現在の作業状況や処理手順が表示されます。

□**表示ボタン**

　表示モードを選択します。通常は［印刷レイアウト］表示を選択しておきます。

□**ズームスライダー**

　つまみをドラッグして表示倍率を変更します。

■ 2.1.2 メニューと表示

リボン

　リボンは、作業に必要なコマンドをすばやく見つけることができるように、各コマンドが論理的なグループに整理され、タブごとにまとめられています。

　リボンに表示されるボタンの数や大きさは画面の大きさで変化します。

　リボンは、ウィンドウ上部に、ある程度の表示領域を必要とします。編集領域を大きく取りたいときは、ウィンドウ右上の ▣ [リボンの表示オプション] で、[タブの表示] をクリックしてリボンを非表示にすることができます(リボン右下の ∧ [リボンを折りたたむ] をクリックするか、タブをダブルクリックしても可能です)。再度タブをクリックすれば一時的に表示状態に戻りますが、表示を固定しておくには、タブをダブルクリックするか、リボン右下の ⊷ [リボンの固定] をクリックします。

　また、▣ で、「リボンを自動的に非表示にする」を選択すると、全画面表示となり、リボンやタブが非表示となります。一時的にリボンを表示するときは、画面右上の ⋯ をクリックしますが、通常表示に戻すには、▣ で「タブとコマンドの表示」をクリックします。

> **Microsoft365**
> リボン右下の ∨[リボンの表示オプション] をクリックし、メニューからリボンの表示／非表示を選択します。また、クイックアクセスツールバーの表示もここから選択できます。
>
>

クイックアクセスツールバー

　頻繁に使用するボタンはクイックアクセスツールバーに登録しておくことで、タブを切り替える手間が省けます。初期状態では 💾 [上書き保存] ↻ [元に戻す] ↺ [繰り返し入力] 🖑 [タッチ/マウスモードの切り替え] の4つが登録されているだけですが、クイックアクセスツールバーの右端にある ▽ [クイックアクセスツールバーのユーザー設定] をクリックし、カスタマイズすることができます。

　　　タッチパネルが搭載されていないPCでは、🖑 は表示されません。

表示形式

　文書の表示形式は、[表示] タブの [表示] グループより、5種類の選択ができます。

左の3つの表示形式はステータスバーの表示ボタン

からも選択できます。

　通常、印刷状態そのままを表す、[印刷レイアウト] を使用します。

　　閲覧モード　　　：画面上で文書を読むのに適したモードです。
　　Webレイアウト：Webページを作成するときに利用します。
　　アウトライン　　：長文を書くとき、各見出しの内容を整理するのに利用します。
　　下書き　　　　　：文字主体の入力に利用します。図形などは非表示となります。

表示の大きさ

　ドキュメントの表示倍率は、[表示] タブの [ズーム] グループで設定します。

　また、ステータスバーのズームスライダー ー ▮ ＋ 100% を利用すると、より簡単に表示倍率を変更できます。

◆練習

　・最初の行に自分の名前を入力し、表示倍率を変更して画面の変化を確認してみましょう。
　　　　[表示] タブやズームスライダーなど、さまざまな方法で実行してみましょう。

編集記号表示

　スペースやタブ（p.48参照）などは、印刷はされませんが、入力時に画面に表示されていると便利です。もし、表示されていない場合は、［ホーム］タブの［段落］グループより、［編集記号の表示／非表示］をクリックして表示させておきましょう。

◆練習

　・名前や住所等を入力し、間に全角スペース1個や半角スペース2個を挿入します。で表示／非表示の場合の画面の変化を確認してみましょう。

ページ設定

　各種ページの設定は、［レイアウト］タブの［ページ設定］グループで行います。

余白や印刷の向きを、印刷したときのイメージを確認しながら変更することができます。

　より詳細な設定は、［ページ設定］グループ右下の  をクリックし、［ページ設定］のダイアログボックスより指定します。

1行の文字数と1ページの行数はここで指定します。
そのほか、入力時のフォントや、上下左右の余白、用紙サイズなども指定できます。

■ 2.1.3　オートコレクト

オートコレクト

　Wordには、入力データを自動的に修正する機能（オートコレクト機能）があります。この機能は書式設定や、英文のスペルチェックなど多岐にわたっており、すべての機能をONにした場合、かなり強力に自動修正されます。このため、慣れないうちは入力に戸惑ってしまうこともあります。最初は、オートコレクトの機能をOFFにしておき、慣れるに従い、各機能をONにしていくとよいでしょう。

オートコレクト等の機能OFF設定

　［ファイル］タブ－［オプション］の順にクリックして［Wordのオプション］ダイアログボックスを表示し、［文章校正］より［オートコレクトのオプション］をクリックします。

　・［オートコレクト］タブのチェックをすべてOFF
　・［入力オートフォーマット］タブのチェックをすべてOFF

■ 2.1.4　スマートタグ

　文字をクリップボード経由で貼り付けると、貼り付けた文字の後ろに、[スマートタグ]が表示されます。通常は無視してよいですが、クリックすると、次のようなメニューが表示されます。

　たとえば、コピー元が赤色文字に設定されていると、貼り付け先も赤色文字となって挿入されてしまいます。このような場合、📋［テキストのみ保持］を選択すると、貼り付け先の書式が適用されます。

2.2　基本編集

　ワープロの上達は、入力文字数に比例します。基本的な入力方法を一通り理解したら、いろいろな文章を入力してみましょう。やがて、キーボードを見ないでも入力できるようになるでしょう。

■ 2.2.1　入力

　次の文を入力します。［Enter］キーを押して改行するのは、段落がかわるときだけです。

> Word2021の新機能
> 　アプリの上部に、新しい検索ボックスが用意されました。このツールを使用することで、テキスト、コマンド、ヘルプなど、探しているものを非常にすばやく見つけることができます。
> 　写真やアイコン、人物の切り絵、ステッカー、イラストなどの素材が「ストックメディア」として用意されています。別途、画像を素材サイト等で用意しなくても、簡単に見栄えのする文書や資料を作ることができます。
> 　スケッチスタイルのアウトラインを使用して、挿入した図形を手書きでカジュアルな手描き風にすることができます。

カーソル移動

　カーソルの移動は、マウスでダイレクトに指定するか、カーソルキーで移動できますが、以下のキーでの移動方法も知っておくと便利です。

行頭	［Home］	行末	［End］
文頭	［Ctrl］＋［Home］	文末	［Ctrl］＋［End］
前頁	［Page Up］	次頁	［Page Down］
前頁先頭	［Ctrl］＋［Page Up］	次頁先頭	［Ctrl］＋［Page Down］

◆練習

　入力した文章を例に、上記のカーソル移動操作を実行してみましょう。

範囲の選択

　Wordでは、最初に範囲を指定して、その指定した範囲について、目的の操作を実行するというパターンが多くなります。範囲の指定には次のような方法があります。

単語	文字列をダブルクリック	文章	［Ctrl］＋クリック
行	左余白をクリック	段落	左余白をダブルクリック
文書全体	左余白をトリプルクリック	任意の範囲	ドラッグ
ブロック	［Alt］＋ドラッグ		

　［Shift］キーを押しながら現在のカーソルと別の場所をクリックすると、その間の文章がすべて選択されます。複数の範囲を同時に選択したいときは、1番目の範囲を選択したあと、2番目以降の範囲を［Ctrl］キーを押しながら選択します。
　　　　　［Shift］や［Ctrl］を併用する方法は、エクスプローラーでのファイル選択の方法と同じです。
　［Shift］キーを押しながらカーソルキーを使うと、マウスを使用しないで範囲を指定できます。キーボードから手を離さずに範囲指定できるので、慣れるとより早く操作ができます。

◆練習

　・入力した文章を例に、上記の各方法で範囲を選択してみましょう。

アンドゥとリドゥ

　Wordでは、既に学習したアンドゥ(元に戻す)に加え、リドゥ(やり直し)が可能です。うっかりアンドゥを実行しすぎて戻りすぎてしまったとき、リドゥでやり直しがききます。

　　↺　アンドゥ(元に戻す)　：[Ctrl] + [Z]

　　↻　リドゥ(やり直し)　：[Ctrl] + [Y]　または　[F4]

　　　　Wordでは、アンドゥ操作で何回でも前に戻ることができます。

　　　　アンドゥの操作をしていない場合、リドゥボタンは ↻ [繰り返し] となり、直前の操作を繰り返します。

◆練習

　・適当な文字を入力したり、削除したりした後、アンドゥで元の状態に戻してみましょう。

■ 2.2.2 編集

　基本的な文字の修正方法は、1章の文字入力で練習した方法と同じです。入力の復習をかねて、以下の操作を実習してみましょう。

文字列挿入

「すばやく見つける」　→　「すばやく**効率的**に見つける」

　　カーソルのある場所に入力データが挿入されます。

空白行挿入/段落分け

「Word2021の新機能」と「アプリの上部に〜」の間に**空白行を挿入**

「用意されています。別途、素材」を「別途」から**次の段落**とし、「別途」の前にスペースを入力

　　空白行とは改行のみの行です。改行を挿入すればよいので、挿入する前の文章の最後か、挿入する後の文章の最初にカーソルを移動し、[Enter] キーを押します。

　　段落分けは分割したい場所に改行を挿入します。反対に、2つの段落を結合するには改行を削除します。

上書きモード

「ストックメディア」　→　「ストック**画像**」

　　[Insert] キーを押すなどして上書きモードにして入力すると、入力前の文字に上書きされます。

　　上書きモードではありませんが、範囲選択した後に文字を入力すると、選択範囲の文字が入力した文字に置き換わります。

削除

「探しているものを**非常に**すばやく」　→　「探しているものをすばやく」

「このツールを使用することで、」**を削除**

「〜見つけることができます。　写真やアイコン〜」**の2つの段落を1つの段落に**

　　削除する文字数が少ない場合は、[Back Space] キーや [Delete] キーで1文字ずつ消しますが、文字数が多い場合は、削除する文字を範囲指定しておき、[Delete] キーで一気に消したほうが効率的です。

コピー

「簡単に見栄えのする」を「手書きで★カジュアルな」の★の部分に**コピー**

　　クリップボードを使ったコピー&貼り付けを利用します。「簡単に見栄えのする」を選択し、コピーの操作をし、★の部分にカーソルを移動した後、貼り付けの操作をします。

移動

「画像を素材サイト等で」→「素材サイト等で画像を」

　　切り取り&貼り付けの操作になります。

切り取り、コピー、貼り付けの各操作は、[Ctrl] キーと [X]、[C]、[V] によるショートカットの他、次の方法でも可能です。

・[ホーム] タブの [クリップボード] グループから選択
・選択範囲をマウスの右ボタンをクリックして表示したショートカットメニューから選択

クリップボード(作業ウィンドウ)

Wordでは、クリップボードに最大24個までデータを蓄積しておくことができます。[ホーム] タブの [クリップボード] グループで 🔽 をクリックすると、クリップボードの作業ウィンドウが表示され、現在のクリップボードの内容を確認できます。

作業ウィンドウに表示されているクリップボードの内容を利用したい場合、希望のデータをクリックし、[貼り付け] を選択します。

ドラッグ&ドロップ

指定範囲をマウスでそのまま目的の場所へドラッグ&ドロップすれば、移動になります。また、ドロップするときに、[Ctrl] キーを押しながらドロップすれば、コピーとなります。

この操作は、エクスプローラーのファイルの移動やコピーと同じです。

■ 2.2.3 ヘッダー&フッター

ヘッダーとは各ページの上部余白に、フッターとは下部余白に印刷される項目で、通常はページ番号、日付、会社のロゴ、文書のタイトルやファイル名、作成者などの情報を記載します。

[挿入] タブの [ヘッダーとフッター] グループより [ヘッダー] を選択し、メニューから [空白(3か所)] を選択します。

左上1か所のみの場合は [空白] を選択します。
上余白をダブルクリックしても入力できます。

新たに [ヘッダーとフッター] タブが表示され、ヘッダー部の3か所に [ここに入力] と表示されるので、希望の場所に文字を入力します。

不要な[ここに入力]は削除します。

[ヘッダーとフッター] タブのリボンを利用し、ページ番号や日付と時刻なども入力できます。

◆練習

・ヘッダー部左側に日付、右側に自分の名前、フッター部中央にページを入力します。

■ 2.2.4 印刷

文書を印刷する前に、プレビューで印刷イメージを確認しましょう。

バックステージビュー

　［ファイル］タブをクリックすると、バックステージビューと呼ばれる画面がウィンドウいっぱいに表示されます。バックステージビューには、書類全体に対する機能がまとまっています。

　バックステージビューより［印刷］をクリックすると、右側に印刷プレビューが表示されるので、印刷イメージを確認し、問題がなければ、🖨 ［印刷］をクリックして印刷を実行します。

印刷の方向や余白などの設定は、バックステージビューでも変更できます

編集画面に戻るには、⬅ をクリックします。

■ 2.2.5 保存

　入力した文書をまだ一度も保存していない場合、タイトルバーの表示は

　　　　　文書 1 - Word

となっています。保存には、

・バックステージビューより［名前を付けて保存］をクリック

・クイックアクセスツールバーの 💾 ［上書き保存］をクリック

のいずれかを実行します。

はじめて保存する場合は、［上書き保存］と［名前を付けて保存］は同じです。一度保存したか、以前保存した文書を開いて再度保存する場合には、［上書き保存］を選択すると、すぐに上書き保存されますが、［名前を付けて保存］では再度ファイル名を指定することになります。

　［名前を付けて保存］より、［参照］をクリックして保存用のダイアログボックスを表示します。

左の例では、保存先として、［ドキュメント］フォルダーを指定しています。

保存先

　希望のドライブ、フォルダーを指定します。

ファイル名

　Wordの拡張子は docx です。ファイル名の入力欄には、本文の1行目がファイル名として仮に使用されているので、必要であれば、希望のファイル名に変更し、［保存］をクリックして保存します。

　　　このとき、最後の .docx の入力は不要です。システムが自動的に付加します。

◆練習

・これまで入力した文章を、ファイル名「Word2021の新機能.docx」で保存しておきましょう。

演習問題

(1)　以下の文章を入力し、指示に従い編集後、「タイピング.docx」で保存しなさい。

> タイピング上達法
>
> 　ワープロを使いこなすためには、いろいろな機能をマスターすることだけでなく、キーボードを見ないで打つタッチタイピングが必要です。これは、キーボードを人差し指でひろい打ちしていたのでは時間がかかり、また、目が原稿を見たり、キーボードを見たりするので目や神経が疲れるからです。
>
> 　ワープロがいつになってもなじめない人は、このようなひろい打ちがイヤになったからです。
>
> 　タッチタイピングをマスターするには、最初は、新聞や小冊子などから英字や漢字などが少なくひらがなが多い入力しやすい文章を選び、くりかえし練習を行います。そして、打鍵速度の向上にともなって、次第に漢字含有率の高い文章に挑戦します。
>
> 　ただし、このような難しい文章だけでなく、それまでに練習していた入力しやすい文章も並行して練習しましょう。

編集方法

- ・「マスター」を「習得」に訂正（2箇所）
- ・「タイピングが必要です」を「タイピングが絶対に必要です」に訂正
- ・「目が原稿を見たり」を「原稿を見たり」に訂正
- ・「英字や漢字」を「漢字や英字」に訂正
- ・「～が疲れるからです。」と「ワープロがいつに～」の段落を1つに結合

(2)　以下の文章を入力し、下の校正記号に従い編集した後、「校正練習.docx」で保存しなさい。

> コンピューターの発達
>
> 　コンピューターがはじめてつくられたのは、1946年（昭和21年）のことであり、その歴史は比較的新しい。しかし、はじめてつくられてから今日まで、短い期間ではあるが、著しい技術的な進歩をとげてきた。
>
> 　最初は軍事目的に使われ、高速度で計算を行う、非常に高価な機械であった。その後、各種の技術計算や事務処理にひろく使われるようになった。
>
> 　さらに電子技術の進歩にともなって、高性能化、小型化され、価格もやすくなり、現在では、小さな事務所でも気軽に使えるオフィスコンピューターとか、個人でも使えるパーソナルコンピューターがつくられるようになった。
>
> 　最近ではインターネットの発達とともに、電子メールやホームページに見られるように、その利用範囲はますます広がっている。

2.3　書式設定

　ワープロソフトでは、たんに文字を入力するエディタと異なり、文字の配置を変更したり、文字の大きさや書体を変更したりといった、「書式」を設定できます。

　ここでは、以下の印刷物をA4用紙1枚に作成し、ワープロの書式設定について学習しましょう。

2022年7月1日

会員各位

OA科推進部

Office2021 の新機能について

　Office2021 には作業の効率化に役立つ様々な新機能が搭載されました。以下はその代表的な項目です。これらの機能を上手に利用し、Office2021 を使いこなしてください。

①　ドキュメントの共同編集

　リアルタイムの共同編集では、同じドキュメント内で他のユーザーと同時に作業出来ます。ファイルが更新されると全員に通知されるため、追加のメモやメールを送信する必要はありません。

②　進化した画像やアイコン挿入

　数千もの無料の画像、アイコン、イラスト、ビデオなど、ドキュメント、プレゼンテーション、ブック、メールで使用できる数千ものライブラリにアクセス出来ます。

③　オープンドキュメント形式のサポート

　完全にオープンな ISO 標準のファイル形式である OpenDocumentFormat(ODF)1.3 に対応しました。ODF を利用することにより、異なるコンピューターや OS の間で自由にデータをやり取り出来ます。

④　自動保存

　ファイルを OneDrive にアップロードすることで、すべての更新内容を自動的に保存することが出来ます。

⑤　視覚的な更新

　リボンにはモノラインのアイコン、ニュートラルなカラーパレットが配置され、ウィンドウコーナーはソフトなデザインとなりました。これらの更新により、シンプルな外観でアクションを伝達することが出来ます。

以　上

　上の印刷結果では、文書中には

- ・文字の位置が中央や右揃えになっている文字列がある
- ・タイトルの文字が大きく、ゴシック体となり、影がついている
- ・見出しの文字がゴシック体、斜体となり、色が変わっている。
- ・見出しに番号振りがされている

などの修飾がなされています。

　通常、いきなりこのような修飾はせず、最初に平文を入力し、後で各種の効果を［ホーム］タブの各ボタンより指定していきます。

入力データ

2022年7月1日

会員各位

ＯＡ科推進部

Office2021の新機能について

　Office2021には作業の効率化に役立つ様々な新機能が搭載されました。以下はその代表的な項目です。これらの機能を上手に利用し、Office2021を使いこなしてください。

ドキュメントの共同編集
　リアルタイムの共同編集では、同じドキュメント内で他のユーザーと同時に作業出来ます。ファイルが更新されると全員に通知されるため、追加のメモやメールを送信する必要はありません。

進化した画像やアイコン挿入
　数千もの無料の画像、アイコン、イラスト、ビデオなど、ドキュメント、プレゼンテーション、ブック、メールで使用できる数千ものライブラリにアクセス出来ます。

オープンドキュメント形式のサポート
　完全にオープンなISO標準のファイル形式であるOpenDocumentFormat(ODF)1.3に対応しました。ODFを利用することにより、異なるコンピューターやOSの間で自由にデータをやり取り出来ます。

自動保存
　ファイルをOneDriveにアップロードすることで、すべての更新内容を自動的に保存することが出来ます。

視覚的な更新
　リボンにはモノラインのアイコン、ニュートラルなカラーパレットが配置され、ウィンドウコーナーはソフトなデザインとなりました。これらの更新により、シンプルな外観でアクションを伝達することが出来ます。

以　上

■ 2.3.1 文字列の配置

　文字列の配置は、通常は両端揃えになっています。その段落内にカーソルを置き、次の各ボタンをクリックすることで、用紙内での位置を設定できます。

両端揃え
　　　　段落が複数行にわたる場合、各行の行末が揃うように文字間隔が調整されます。標準ではこの設定が適用されていますが、この「両端揃え」をOFFにすると　［左揃え］に設定されます。

中央揃え
　　　　選択した段落位置を中央に揃えます。

右揃え
　　　　選択した段落位置を右に揃えます。

均等割り付け
　　　　選択した行の行頭から行末までを、段落の行末まで引き伸ばして割り付けます。

�**◆練習**

- ・「年月日」、「ＯＡ科推進部」、「以上」を右揃えに設定します。
- ・タイトルの「Office2021の新機能について」を中央揃えに設定します。

■ 2.3.2 文字の書式設定

入力した文字は、範囲指定して、以下のボタンをクリックすることで、さまざまな書式を設定できます。

游明朝　▼ 10.5 ▼ フォントとサイズ

右側の ▼ をクリックし、希望のフォント(書体)やサイズを選択します。サイズは直接数値を入力しても設定できます。

B **I** **U** ▼ 太字(Bold)、斜体(Italic)、アンダーライン(Underline)

文字を太字、斜体にしたり、アンダーラインを引いたりします。アンダーラインは右側の ▼ をクリックして、線の種類や色を変更できます。

A ▼ 文字の効果と体裁

文字の輪郭に色をつけたり、影、反射、光彩などの効果を設定します。

A ▼ フォントの色

文字に色を設定します。

書式をクリアする場合は、範囲を指定した後、**A** [すべての書式をクリア] をクリックします。

✐ ▼ 蛍光ペン

文字の背景に蛍光色を設定できます。範囲指定の後、ボタンをクリックする方法のほか、最初にボタンをクリックしておき、色を付けたい文字をドラッグしても色を付けることができます。

設定解除は [すべての書式をクリア] ボタンではできません。[蛍光ペン] ボタンで [色なし] をクリックします。

◆練習

- ・タイトルを游ゴシック、20ポイント、文字の効果と体裁(影－透視投影(右上))、フォントの色(グラデーション－下方向)に設定します。
- ・見出しの「ドキュメントの共同編集」を游ゴシック、太字、斜体、赤色に設定します。

  上記以外の見出しは後で一括して指定するので、ここでは、最初の見出しのみ設定します。

■ 2.3.3 書式と段落

書式

文字配置やフォント等の各種設定を「書式」と呼び、Wordでは、「文書」「段落」「文字」単位で設定します。それぞれの書式の設定時、カーソルの位置を意識します。

文書書式	1ページの行数等、文書全体を設定する書式です。カーソルはどこにあってもかまいません。
段落書式	段落単位で設定する書式です。「文字列の配置」は段落書式となります。カーソルはその段落にある必要があります。
文字書式	1つひとつの文字に設定する書式です。「フォント」は文字書式となります。設定したい文字をあらかじめ範囲指定しておく必要があります。

段落番号

箇条書きや段落番号は、個々の文字ではなく、段落書式として設定されます。

≡ ▼ 箇条書き

指定した段落の最初に、自動的に ● を振ります。振る記号の種類は後で変更できます。

≡ ▼ 段落番号

指定した段落の最初に、自動的に1から番号を振ります。数字の形態や数は後で変更できます。

◆練習

・見出しの「ドキュメントの共同編集」に段落番号を設定します。

上記以外の見出しは後で一括して指定するので、ここでは、最初の見出しのみ設定します。

書式のコピー

設定した「書式」のみを他の文字にコピーすることができます。

コピー元の文字にカーソルを置き、 [書式のコピー/貼り付け] をクリックし、コピー先の段落または文字を選択します。

文字の配置や箇条書き等、段落書式の場合はコピー先をクリックするだけでよいのですが、フォントの設定等の文字書式はコピー先をドラッグして範囲指定します。

◆練習

・「ドキュメントの共同編集」に設定した書式を、他の見出しにも設定します。

をダブルクリックすると、連続して書式をコピーできます。操作を終了したら、をもう一度クリックするか、[Esc] キーを押します。

コピー先の指定は、文字をすべてドラッグするか、見出し左側余白をクリックし、行すべてを指定します。

スタイルと書式

スタイルは、書式設定の集まりです。文書内の文字列や箇条書きに適用すると、その書式セットを適用して、外観をすばやく変更することができます。

スタイルの操作は、[ホーム] タブの [スタイル] を操作します。

[スタイル] では、本文のカーソル位置のスタイルが選択されています。他のスタイルを選択することで、素早くスタイルを変更できます。通常の作業では、をクリックし、スタイルを作業ウィンドウとして表示させておいたほうがよいでしょう。

◆練習

・本文中のカーソルを移動し、作業ウィンドウの項目が変化するのを確認しましょう。

スタイル作業ウィンドウを使用し、同じスタイルを指定した個所を一気に変更することができます。ここでは、作成した文章の5つの見出しの書式を一度に変更してみます。

本文の「ドキュメントの共同編集」にカーソルをおき、作業ウィンドウの「リスト段落」右側の ▼ から、「同じ書式を選択：5か所」をクリックすると、5か所が選択されるので、書式を変更します。

［同じ書式を選択：5か所］が［すべて選択：（データなし）］となっている場合もあります。

あらかじめ、1か所の見出しの書式を変更しておき、「リスト段落」右側の ▼ をクリックし、「選択個所と一致するようにリスト段落を更新する」でも同様の変更ができます。

◆練習

・スタイルを利用して見出しの書式を、段落番号を丸囲み数字、文字を薄い青色に設定します。

検索と置換

検索や置換の機能を使うと、目的の文字を効率よく検索したり、別の文字で置き換えたりできます。

簡単な検索であれば、［ホーム］タブの［編集］グループより 🔍検索 をクリックし、ナビゲーションウィンドウに検索したい文字列を入力すれば、即座に検索が実行されます。

左の例では、「出来ます」を検索しています。ナビゲーションウィンドウに件数と検索段落の文章が表示され、本文の検索文字にはマーカーがつきます。

🔍検索 右側の ∨ から、［高度な検索］をクリックするか、🔁置換 をクリックすると、［検索と置換］ダイアログボックスが表示されます。

左の例では、「出来ます」を「できます」に置換しています。

一文字ずつ確認しながら置換していくときは［置換］ボタン。確認せずに一気に置換する場合は［すべて置換］をクリックします。

［検索する文字列］を空欄にして、［オプション］ボタンをクリックし、左下の［書式］ボタンをクリックすることで、赤色文字を検索したり、太字のみを検索したりといった書式検索をすることができます。また、［置換後の文字列］を空欄にして［書式］ボタンで設定すると、検索した文字列に指定した書式を設定することができます。

◆練習

・本文中、すべての「出来ます」を「できます」に置換します。
・書式の置換の機能を使って、見出しの文字に赤い二重下線を引きます。

　　　　見出しの色の変更は、スタイルの機能を使って変更することもできます。

演習問題

(1)　音楽会

次の文書を入力しなさい。

２０２２年１１月６日

会員の皆さまへ

市民文化センター

クリスマス音楽会のご案内

拝啓　向寒の候、ますますご清栄のこととお喜び申しあげます。
　さて、１２月のステージは、日本古来からの楽器である琴と、現代楽器の代表でもあるシンセサイザーとの競演です。この組み合わせの自由な音色は、あなたの心を十分に癒してくれることと思います。
　つきましては、みなさまお誘いあわせのうえ、この機会にぜひご鑑賞いただきますよう、下記のとおりご案内申しあげます。

敬　具

記

1．開催日時　１２月１８日（日）　１７：００〜１９：３０
2．会　　場　市民文化会館　大ホール
3．定　　員　５５０名
4．申込場所　市役所文化課まで

以　上

---

(2)　私の好きな映画

自分の好きな映画ベスト5をコメントとともに、箇条書きにしなさい。

私の好きな映画ベスト５

1.　**サウンド・オブ・ミュージック**
　劇中の「ドレミの歌」を私は大変気に入っています。また、アルプスの山々を舞台にした子どもたちの、はつらつとした笑顔がなんとも印象的でした。

2.　**バック・トゥー・ザ・フューチャー**
　主人公の乗るスポーツカーがとにかくカッコ良いです。いつか、私もあんな車に乗るのが夢です。

　表題、映画タイトルはフォントを大きくします。
　映画のタイトルは、段落番号で1〜5まで番号を付けます。

2.4　文書作成

ここでは、タブやルーラーなど、ワープロとして、より高度な機能を学習します。

入力データ（最初の4行分は改行のみで、空行にしておきます）

かねてよりご要望がありましたＰＣ教室の一般公開を、今期より行うこととなりました。みなさまに、教室をより有効にご活用いただくため、利用の案内を作成しましたのでご参照ください。

利用教室について
次の2教室をご利用いただけます。

第1教室
定員30名：パソコンは常設していません。ご希望の方にノート型パソコンをお貸ししますので、申し込み時にお申し出ください。また、ご自分の機器を持ち込んで使用いただくことも可能です。

第2教室
定員20名：20台のパソコンを常設しています。常設パソコンの利用をご希望の方は、申し込み時にお申し出下さい。

＊パソコンにインストールされているソフトについては、別途お問い合わせください。

ご利用いただける曜日と時間帯
月曜～水曜9：00～18：00第1教室、第2教室
木曜9：00～17：00第1教室、第2教室
金曜9：00～16：00第2教室

申し込み方法
次の3つのいずれかの方法でお申し込みください。

ハガキ
　所定のハガキに必要事項を記入の上、ご使用の2週間前までにお申し込みください。
ＦＡＸ
　必要事項を記入し、受付専用のＦＡＸ番号にて1週間前までにお申し込みください。
インターネット
　センターのWebページにて申し込みができます。詳しくはWebページをご覧ください。

ご利用にあたっての留意点
原則として定員以内でご使用ください。
申込書記載の使用時間内でご使用ください。延長をご希望の場合は、あらかじめお申し出願います。
申し込み者は、許可なく第3者に教室の使用権の全部または、一部を譲渡あるいは転貸することはできません。

利用説明会
以下の日程で利用のための説明会を開催します。是非ご参加ください。
開催日3月7日（月）
時間13時～15時
開催場所第3研修室

免責および損害賠償
教室内の建造物・設備・備品を破損・紛失させた場合は、その被害の賠償を請求させていただきます。

以　上

担当：情報センター　長田

※あらかじめ、完成文書を参考に次の設定をしておきます。
　・全体は游明朝、10ポイント
　　　　全範囲を選択してフォントを設定してもよいですが、［スタイル］グループより　あア亜標準［標準］を右
　　　　クリックし、メニューから　A 変更(M)...　をクリックして表示された［スタイルの変更］ダイアログ
　　　　ボックスで左下の［書式］−［フォント］を選択し、フォントとサイズを指定することで、標準の
　　　　スタイルを変更するとよいでしょう。
　・各見出しに、游ゴシック、18ポイント、太字、文字列背景色をオレンジ色
　・申し込み方法の「ハガキ」「ＦＡＸ」「インターネット」に、游ゴシック、太字、段落背景色を薄い
　　青色
　　　　文字列背景色は、［ホーム］タブの［段落］グループより 　 の 　 をクリックして設定します。
　　　　段落背景色は、［ホーム］タブの［段落］グループより 　 の 　 をクリックし、メニューから［線
　　　　種とページ罫線と網かけの設定］を選択し、ダイアログボックスの［網かけ］タブで「背景の色」
　　　　を設定します。

「設定対象」は［段落］を選択します。
「設定対象」に［文字］を選択すると、 　 で文字列背景色
を設定したのと同じになります。

　・「利用教室について」の「第1教室」「第2教室」を箇条書き
　・「ご利用にあたっての留意点」の3つの文章に段落番号
　・「以上」「担当：情報センター　長田」を右揃え

■ 2.4.1 オートコンプリート

　最初の数文字を入力しただけで、以下の入力を補ってくれる機能がオートコンプリートです。Word
では、日付の入力などで利用できます。次の例は、「令和」と入力を確定した直後の状態です。ポップ
ヒントのとおり、続いて［Enter］キーを押すだけで年月日が入力されます。

令和4年1月23日　（Enter を押すと挿入します）
令和

　　　　その他、月や曜日を英語で入力する場合、最初の4文字を入力するとポップヒントが表示され、最後
　　　　まで入力しなくても単語を入力できます。

◆練習

　・1行目にオートコンプリートの機能を使って年月日を入力し、右揃えにします。
　　　　当然、本書と異なる日付が入力されます。

■ 2.4.2 クリックアンドタイプ

　文書内の空白領域をダブルクリックすると、カーソルがそこに移動し、挿入する項目を配置するのに
必要な書式が自動的に設定されます。これをクリックアンドタイプといいます。これにより、文書内の
空いた領域に文字列、図、表、その他の項目をすばやく挿入できます。
　ダブルクリック時のマウスポインターの形状によって、適用される書式が以下のように変化します。
　　　 I̶ ［左揃え］　　　 I̶ ［中央揃え］　　　 ̶I ［右揃え］　　　 I̲ ［左インデント］

◆練習

・3行目に「ＰＣ教室利用の案内」をクリックアンドタイプを使用し、中央揃えで入力します。

マウスポインターが ⫤ に変化したら、ダブルクリックし、文字を入力します。

その他、フォントを游ゴシック、28ポイントに設定します。

■ 2.4.3 インデント

水平ルーラー

画面上部の [ルーラー画像] を水平ルーラーといい、インデントやタブの設定を画面で確認できます。

縦方向の目盛を垂直ルーラーといいます。ルーラーの表示／非表示は、［表示］タブの［表示］グループで［ルーラー］のチェックをON/OFFします。

インデント

「字下げ」機能のことです。インデントを利用すると、段落を単位として左右の文字の位置を揃えることができます。設定したインデントより外側の領域には、文字を入力することができません。

設定には、ルーラー内の ⫷、⫸ の各部をドラッグします。

・1行目のインデント設定(左側上の ▽ マーカー)
・2行目以降のインデント設定(左側中の △ マーカー)

このインデント設定を「ぶら下げインデント」といいます。

・全体のインデント設定(左側下の □ マーカー)
・右端のインデント設定(右側の △ マーカー)

インデントボタン ⫷、⫸ により、全体のインデントを前後できます。

◆練習

・「かねて～ご参照ください。」を左右のインデントを調節して、中央寄りに表示させます。
・「定員30名：～」「定員20名：～」に、出来上がりを参考にぶら下げインデントを設定します。

［Alt］キーを押しながらドラッグすることで位置を微調整できます。(タブも同様です)

「定員30名：～」に設定後、「定員20名：～」の設定には書式のコピーを利用します。

■ 2.4.4 タブ

タブとは、文字列や数字を特定の位置でそろえる機能です。同じ行の中で複数の項目の間隔を空けて並べたり、複数の行に記入されている文字列を縦方向で合わせるときに利用します。

改行が［Enter］キーで改行記号を挿入するように、タブは［Tab］キーでタブ記号を挿入することで設定します。画面上では、編集記号 ➡ で表示されます。

タブマーカーを設定していない場合、標準設定では1つのタブの挿入で、4文字ごとの区切れの位置に文字がずれます。

◆練習

・「ご利用いただける曜日と時間帯」の3行について＜曜日＞、＜時間帯＞、＜教室＞のそれぞれの間にタブを挿入します。

タブ記号により文字がずれますが、ずれかたが異なるので3行の上下は揃いません。

タブ位置の設定

意識的にタブの位置を指定するには、ルーラー上で設定したいタブ位置をクリックします。すると、ルーラー上に ２└４ のようにタブマーカーが表示され、その場所にタブが設定されます。

このタブマーカー L は［左揃え］を意味し、通常はこれを使用しますが、ルーラー左端の L をクリックするごとに、マーカーが次のように変化し、設定できるタブのタイプを変更することができます。

L ［左揃え］－ ⊥ ［中央揃え］－ ⅃ ［右揃え］－ ⊥ ［小数点揃え］－ ∣ ［縦線］－

▽ ［1行目インデント］－ △ ［ぶら下げインデント］

タブマーカーを削除するには、マーカーをルーラーの外にドラッグします。

◆練習

・タブを挿入した3行を範囲指定し、インデント設定、ならびに、ルーラー上に2か所タブマーカーを設定します。また、「利用説明会」の3行も出来上がりを参考に、インデントとタブを設定します。

1行のみの設定の場合、その行にカーソルがあるだけでよいのですが、複数行をまとめてタブ位置を設定するので、あらかじめ範囲指定しておきます。

リーダーの設定

タブが挿入されると、画面には ➡ が表示されますが、印刷時は空白となります。ここに、破線などをリーダーとして入れることができます。

リーダーの挿入は、［ホーム］タブの［段落］グループ右下の ⊾ をクリックして、［段落］のダイアログボックスを表示し、［タブ設定］をクリックします。

［タブとリーダー］ダイアログボックスが表示されるので、リーダーを挿入したいタブを［タブ位置］より選択し、希望のリーダーをチェックします。

リーダーの設定ができるのは、自分でタブマーカーを設定した場合に限られます。

◆練習

・「利用説明会」の3行を、出来上がりを参考にタブに …… のリーダーを設定します。

■ 2.4.5 改ページ

改ページを意識しなくても、ページがいっぱいになれば自動的に改ページされますが、意識的に特定の場所で改ページさせることも可能です。

強制的に改ページするには、改ページしたい場所にカーソルを置き、［挿入］タブの［ページ］グループより［ページ区切り］をクリックします。

改ページを解除するには、改ページマークを削除します。改行マークを削除して前後の段落をつなげるのと同じ考え方です。［Ctrl］＋［Enter］のショートカットでも改ページできます。

◆練習

・「申し込み方法」から次のページとします。

「申し込み方法」の直前にカーソルを置き、改ページを実行すると、改ページマークの行に「申し込み方法」と同じ書式が設定されてしまうので、 A♦ ［すべての書式をクリア］で書式をクリアしておきます。

■ 2.4.6　行間隔

各段落の行間隔を任意に変更することができます。

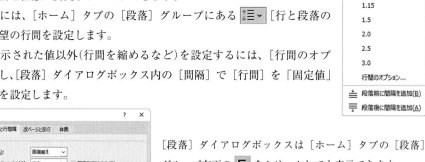

行間隔の変更には、［ホーム］タブの［段落］グループにある ［行と段落の間隔］より、希望の行間を設定します。

メニューに表示された値以外（行間を縮めるなど）を設定するには、［行間のオプション］を選択し、［段落］ダイアログボックス内の［間隔］で［行間］を「固定値」とし、間隔の値を設定します。

［段落］ダイアログボックスは［ホーム］タブの［段落］グループ右下の  をクリックしても表示できます。

◆練習

・「かねてより～ご参照ください。」の行間を12ptに設定します。

■ 2.4.7　段組み

本文が2列や3列に振り分けられているレイアウトを「段組み」といいます。

段組みを設定するには、目的の段落を選択した後、［レイアウト］タブの［ページ設定］グループより［段組み］を選択し、メニューより段数をクリックします。

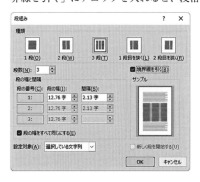

あらかじめ段落を選択しておかないと、設定対象が文書全体となり、文書全体が段組みされてしまいます。

◆練習

・「申し込み方法」に3段組みを設定します。

　　［段組み］のメニューで［段組みの詳細設定］をクリックし、段組み設定のダイアログボックスで「境界線を引く」にチェックを入れると、段落間に縦線を入れることができます。

◾ 2.4.8 均等割り付け

たとえば、3文字の文字列を4文字分に均等に割り付けたい場合、均等割り付けの設定をします。

設定は、あらかじめ文字列を範囲指定してから、[ホーム] タブの [段落] グループより、[均等割り付け] ボタンをクリック、設定用のダイアログボックスに新しい文字列の幅を入力します。

均等割り付けを設定した文字は、そこにカーソルを置くと、水色のアンダーラインが表示されます。

必ず最初に文字列の範囲指定が必要です。もし指定しないで均等割り付けを実行すると、その段落全体への均等割り付けとみなされ、行全体が用紙の使用幅に対して均等割り付けされてしまいます。

◆練習

・「利用説明会」の「開催日」と「時間」を4文字分の幅に均等割り付けします。

「時間」はスペースを挿入して4文字分にしても同じように見えますが、フォントの種類によっては、スペースで調整できないので、均等割り付けの機能を利用しましょう。

◾ 2.4.9 ルビ

文字に「ふりがな」を付けることができます。難しい漢字に「読み」をつけたり、略称の読み方を付けたり、といった使い方ができます。このふりがなのことを「ルビ」といいます。

設定は、あらかじめ文字列を範囲指定してから、[ホーム] タブの [フォント] グループより [ルビ] ボタンをクリックし、設定用のダイアログボックスにルビを入力します。

必要に応じて [配置][フォント][サイズ] を設定します。[オフセット] は文字とルビとの間隔です。

ルビを振った文字は、そこにカーソルを置くと、灰色の網掛けで表示されます。

ルビを削除するには、ルビが振られている文字列にカーソルを置き、[ルビ] ボタンをクリックし、表示されたダイアログボックスより、[ルビの解除] ボタンをクリックします。

◆練習

・担当者名「長田」に「おさだ」とルビを振ります。

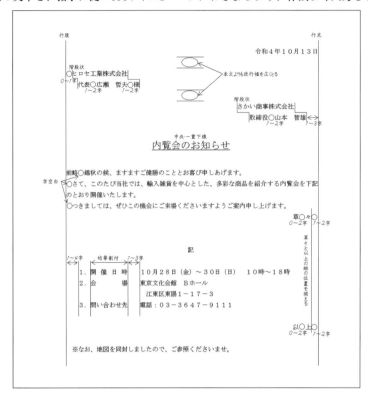

演習問題

(1)　次の文章を、指示に従いA4サイズ1ページにおさまるよう、体裁よく入力しなさい。

(2)　次の文章を、A4サイズ1ページにおさまるよう、体裁よく入力しなさい。

```
                                          総務部第35号
                                          令和5年4月1日

各課課長　各位

                                          総務部長
                                            大山　弘明


               研修担当者会議のお知らせ

　標記会議を下記のとおり開催いたします。
　今回は、来年度の新人教育をより充実した意義あるものとするため、「21世紀を展望し
た企業人教育」を主たるテーマに、担当者自身の問題意識を高めることを目的として、一泊
二日の合宿といたしました。
　業務多忙の折ではありますが、研修担当者を必ず出席させるようお願いしたく、ご案内申
しあげます。

                        記

　1．開 催 日　　4月25日（火）、26日（水）

　2．実施会場　　指谷研修所

　3．日　　程　　25日　13時　　　　現地集合
                       14時〜17時　　来年度の新人教育方針について
                       18時〜20時　　夕食
                  26日　10時〜12時　研修予行演習
                       13時　　　　　現地解散
                                          以　上
※なお、出席者の氏名を、4月7日（金）までに総務部研修課へご連絡願います。
```

2.5　表と罫線

　表形式のデータは、文字だけで配置するより、罫線を利用して表示したほうが、ぐっと見やすくなります。ここでは、表の作成方法を学習します。

2.5.1　表の基本枠作成

次のような表を作成してみましょう。

	品名	価格
和食	讃岐うどん	650円
	天丼	950円
洋食	スパゲッティ	800円
	ビーフシチュー	1,200円
中華	ラーメン	600円
	チャーハン	650円

表作成

　[挿入] タブの [表] ボタンをクリックすると、[表の挿入] パネルが表示されます。パネル上でマウスを動かすと、挿入されるマス目がオレンジ色に変わるので、挿入したいサイズのマス目でクリックします。

表をマウスで指定する方法で作成できるのは、8行10列までです。それより大きな表はパネルより  をクリックし、[表の挿入] ダイアログボックスで指定します。

◆練習

・行数5、列数2で表を作成します。

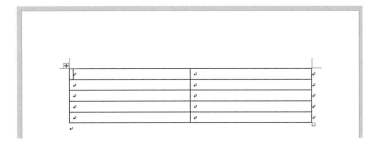

セル間のカーソル移動

　表内の各マスのことを「セル」といいます。各セルへのカーソルの移動は、[↑] [↓] [←] [→] のカーソルキーを使用しますが、[Tab] (右方向)、[Shift] + [Tab] (左方向)でも可能です。

　また、各行の右端、表外の改行マークで [Enter] キーを押すと、その下の行に1行追加となります。

◆練習

　・各セルに、次のようにデータを入力します。

品名↵		価格↵		↵
讃岐うどん↵		650 円↵		↵
天丼↵		950 円↵		↵
ラーメン↵		600 円↵		↵
チャーハン↵		650 円↵		↵

■ 2.5.2　罫線（セル）の操作

　セルは、罫線の集合体と考えられます。ここでは、罫線の挿入、削除や位置の変更など、罫線を自由に操作できるようになりましょう。

表の選択

　表の各セル、行、列の選択はマウスポインターの形状に注目して、指定個所をクリックします。
　・セル単位の選択：セルの左下で、マウスポインターが　　　の形になったらクリック
　・列単位の選択　：各列の上端で、マウスポインターが　━━　の形になったらクリック
　・行単位の選択　：各行の左端で、マウスポインターが　　　の形になったらクリック
　・表全体の選択　：表内をポイントし、左上が　　　の形になったら、　✛　をクリック
　　　　　　セルを選択したまま、マウスをドラッグすれば、複数のセルを選択できます。

◆練習

　・それぞれの選択方法を実行し、確認してみましょう。

罫線の移動

　移動したい罫線をポイントすると、縦罫線：✦、横罫線：　のようにマウスポインターの形が変わるので、そのままドラッグします。
　［Alt］キーを押しながらドラッグすると、細かく移動できます。
　縦罫線の場合、ドラッグしないでダブルクリックすると、その縦罫線の左側の列に入力されている最も長い文字列がおさまるように自動的に幅が調節されます。

◆練習

　・縦罫線を移動し、「商品」と「価格」が適切な幅になるように調節します。

特定の縦罫線の左右移動

　あらかじめセルを選択しておき、罫線を移動します。

◆練習

　「讃岐うどん」と「天丼」の右側の
　罫線のみ左に移動します。
　　　　　確認できたら、罫線は元に戻
　　　　　しておきます。

品名↵		価格↵		↵
讃岐うどん↵	650 円↵			↵
天丼↵	950 円↵			↵
ラーメン↵		600 円↵		↵
チャーハン↵		650 円↵		↵

表全体の移動

　表内をポイントすると左上に出現する　✛　をドラッグします。

◆練習

　・表全体を中央に移動します。
　　　　　表全体を選択し、☰［中央揃え］ボタンを使用しても設定できます。この場合、表全体に中央揃えの属性を指定することになるので、後で表の幅を変えても、即座に中央に再表示されます。

■ 2.5.3 表ツール

表を作成すると、新たに［テーブルデザイン］と［レイアウト］の2つのリボンが追加されます。以後、表の操作はこの2つのリボンにより行います。

［テーブルデザイン］リボン

おもに、表の体裁を設定するときに使用します。

［レイアウト］リボン

おもに、表のレイアウトを設定するときに使用します。

行（列）の挿入と削除

行（列）の挿入は、挿入対象となるセルにカーソルを移動してから、［レイアウト］タブの［行と列］グループより、該当のボタンをクリックします。また、マウスポインターを罫線の左端（上端）に合わせると、⊕ が表示されるので、⊕ をクリックしても挿入できます。

挿入したい場所で、右クリックして表示されたショートカットメニューより［挿入］を選択しても挿入できます。また、「セル間のカーソル移動」で説明したとおり、各行の右端、表外の改行マークで［Enter］キーを押すと、その下の行に1行追加となります。

削除は、削除対象となるセルにカーソルを移動してから、［レイアウト］タブの［行と列］グループの［削除］を選択し、メニューより該当の削除操作を選択します。

ショートカットメニューより［表の行/列/セルの削除］を選択しても削除できます。

◆練習

・「品名」の左側に1列、「天丼、950円」の下側に2行、それぞれ表を挿入します。

↵	品名↵	価格↵	↵
↵	讃岐うどん↵	650 円↵	
↵	天丼↵	950 円↵	
↵	↵	↵	
↵	↵	↵	
↵	ラーメン↵	600 円↵	
↵	チャーハン↵	650 円↵	

セルの結合

結合したい複数のセルを選択しておき、［レイアウト］タブの［結合］グループより セルの結合 をクリックします。

ショートカットメニューより［セルの結合］を選択しても同じです。

◆練習

・次のようにセルを結合し、文字を入力します。

	品名	価格
和食	讃岐うどん	650 円
	天丼	950 円
洋食	スパゲッティ	800 円
	ビーフシチュー	1,200 円
中華	ラーメン	600 円
	チャーハン	650 円

セル内の文字配置

□縦書き

目的のセルで［レイアウト］タブの［配置］グループより、［文字列の方向］を選択します。

ショートカットメニューより［縦書きと横書き］を選択し、メニューから希望の文字の向きを選択することもできます。

□文字の配置

セル内の文字の位置を指定できます。［レイアウト］タブの［配置］グループから、希望の配置を選択します。「横書き」と「縦書き」で、ボタンのデザインが変化します。

横書きの場合　　縦書きの場合

◆練習

・「品名」「価格」を［中央揃え］、「金額」を［右揃え］、「和食」「洋食」「中華」を［縦書き］［中央揃え］に設定し、横幅を調整します。

	品名	価格
和食	讃岐うどん	650 円
	天丼	950 円
洋食	スパゲッティ	800 円
	ビーフシチュー	1,200 円
中華	ラーメン	600 円
	チャーハン	650 円

罫線の変更

表に罫線を追加する場合、［テーブルデザイン］タブの［飾り枠］グループより、［スタイル］［太さ］［色］を設定し、［罫線］から［罫線を引く］ボタンをONにするか、［レイアウト］タブの［罫線の作成］グループより、［罫線を引く］ボタンをONにして、引きたい場所をドラッグします。

最初に作った表は、0.5ptの黒の実線が引かれています。

罫線を削除するには、［レイアウト］タブの［罫線の作成］グループより、［罫線の削除］ボタンをONにして削除したい罫線をドラッグします。

◆練習

・表の周りの線を1.5ptの太さに、「品名」「価格」の下側の線を二重線に変更し、左上のセルに斜め線を引きます。

	品名	価格
和食	讃岐うどん	650 円
	天丼	950 円
洋食	スパゲッティ	800 円
	ビーフシチュー	1,200 円
中華	ラーメン	600 円
	チャーハン	650 円

セルの着色

　セルの着色は、希望のセルを選択してから、[テーブルデザイン]タブの[表のスタイル]グループから[塗りつぶし]を選択し、表示されたメニューより希望の色をクリックします。

　[表のスタイル]グループには、罫線や塗りつぶしの色など表全体の書式を組み合わせたものが豊富に用意されているので、一覧から選択するだけでも、簡単に見栄えのよい表を作成することができます。

◆練習

・「品名」「価格」のセルを薄い青色に、「和食」「洋食」「中華」のセルを薄い緑色に設定します。

演習問題

〔1〕　チラシ

　次のチラシを作成しなさい。

銀河鉄道　乗り放題！

春の割引切符ご案内

好評発売中

　有効期間中、いつでもお好きな日を選んで、銀河鉄道を全線ご利用いただける乗り放題のフリー切符です。
　新緑の鮮やかなこの季節、ぜひご利用ください。

発 売 期 間	4 月 15 日〜5 月 15 日		
有 効 期 間	4 月 15 日〜5 月 30 日		
発 売 場 所	銀河鉄道　各駅　切符売場		
価　　　　格	3 日間フリー切符	大　人　3,500 円 こども　1,750 円	
	5 日間フリー切符	大　人　5,000 円 こども　2,500 円	

　　☆　7名様以上でご利用の場合は、さらにお得な

『みんなで行こう！春の大割切符』

をご用意いたしておりますので、お気軽にお問い合わせください。

(2)　案内書

次の文書を、入力しなさい。

さくら発第３０１号

令和５年７月７日

かがわ科学クラブ

代表　大山　雅夫　様

神戸こども科学館

館長　大久保　哲也

ふれあい科学体験教室のご案内

拝啓　初夏の候ますますご清栄のこととお慶び申しあげます。

　　さて、当科学館では科学関連の体験教室を毎月開催しておりますが、来月は、小学生低学年を対象に『ふれあい科学体験教室』を予定しております。日常の生活用具を利用した実験をテーマに、小さな子供たちにも十分楽しめる内容を企画いたしました。

　　つきましては、この機会にぜひご参加くださいますよう、ご案内申しあげます。

敬　具

記

1．開催日　　８月７日（月）
2．時　　間　　9時〜12時
3．場　　所　　神戸こども科学館・実験室
4．内　　容

コース	テーマ	定員	参加料
小学１年生コース	水の性質を知ろう 噴水製作	50名	1,000円
小学２年生コース	空気の性質を知ろう 空気鉄砲製作	70名	1,500円

＊参加料は教材費を含みます。

5．申込方法　　下記申込書に記入のうえ、７月２１日（金）までに当館までお送りください。

以　上

・・・・・・・・・・・・・・・・・・き・・り・・と・・り・・線・・・・・・・・・・・・・・・・・・・・・・・・

参加申込書

名　　前＿＿＿＿＿＿＿＿＿＿＿　　TEL（　　　）　　−

住　所〒＿＿＿＿＿＿＿＿＿＿＿＿＿＿＿＿＿＿＿＿＿＿＿

コース名＿＿＿＿＿＿＿＿＿＿＿＿＿＿＿＿＿＿＿＿＿＿＿

---

(3)　時間割表

時間割表を作成しなさい。

(4)　時刻表

最寄駅の時刻表を作成しなさい。

2.6 オブジェクトの処理

Wordでは、文書に挿入するイラスト、図形や数式等は「オブジェクト」として扱われます。オブジェクトは、Wordに限らず、他のOfficeアプリでも自由に利用することが可能です。

2.6.1 図形描画

簡単な図形であれば、専用のアプリを使用しなくても、Wordの「図形描画」機能が利用できます。次の図を例に、図形の描画方法を学習しましょう。

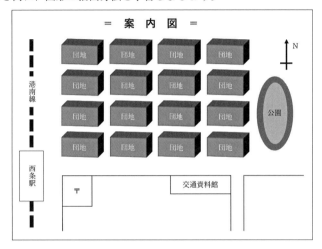

グリッド線

画面上には、「グリッド線」と呼ばれる、図形描画の目安になる線が存在します。通常は見えませんが、[表示] タブの [表示] グループより [グリッド線] にチェックを入れると表示できます。

> [レイアウト] タブの [配置] グループより [オブジェクトの配置] をクリックし、[グリッド線の表示] にチェックを入れても表示できます。

グリッド線の詳細は、[レイアウト] タブの [配置] グループより をクリックし、[グリッドの設定] で [グリッドとガイド] ダイアログボックスを表示して設定します。

[配置ガイドの表示] にチェックを入れると、オブジェクトをドラッグで移動するとき、緑色の補助線が表示され、文字とオブジェクトの高さなどを合わせて配置することができます。なお、配置ガイド表示時には、グリッドは非表示となります。

複数のオブジェクト間の配置をきれいにするため、通常は、[描画オブジェクトをほかのオブジェクトに合わせる] にチェックを入れておきます。

グリッドを用紙全体に表示するには、[左上余白を基準にする] のチェックをはずします。

横線が「行グリッド」、縦線が「文字グリッド」です。

グリッド線が表示されていると、オブジェクトはグリッド線に合うように配置されます。グリッド線が非表示のときにもグリッド線に合うようにするには、[グリッド線が非常時の〜] にチェックを入れます。

◆練習

各種オブジェクトの配置を確認できるよう、以下のように設定してグリッド線を表示します。

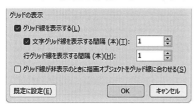

図形の描画

各種図形は、［挿入］タブの［図］グループより、［図形］を選択します。メニューが表示されるので、希望の図形を選択し、画面上でドラッグして描きます。このとき、図形はグリッドを基準に描かれます。

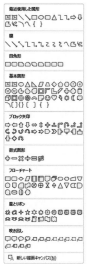

メニューより［新しい描画キャンバス］を選択すると、「描画キャンバス」と呼ばれる図形描画専用の領域が表示されます。描画キャンバス上に描画した複数の図形は、一括して移動やサイズ変更ができます。

描画キャンバス自体を任意の場所に移動させるには、描画キャンバス右上の [レイアウトオプション］をクリックし、 ［行内］から ［全面］に変更するか、［図形の書式］タブの［配置］グループより、［文字列の折り返し］で［前面］を選択します。

図形を描くとき、以下のキーを併用すると、描画により細かな指定ができます。

　　［Alt］キーを押しながら　：グリッド以外の場所も指定できます。

　　［Ctrl］キーを押しながら　：最初にマウスでクリックした地点が、図形の中心になります。

　　［Shift］キーを押しながら：直線は15°の間隔、四角形は正方形、円は真円となります。

◆練習

・さまざまな図形を描き、［Alt］［Ctrl］［Shift］キーを併用して、その効果を確認しましょう。

図形の変形と移動

任意の図形を選択するには、選択したい図形をクリックします。図形のまわりに、○（ハンドル）が表示され、その図形が選択されたことがわかります。

・変形：○（ハンドル）をドラッグすることで、図形のサイズを変更できます。

・回転：図形上方に表示されている のハンドルをドラッグすると図形を回転できます。

・調整：図形によっては、黄色のハンドルが表示され、図形を変形できます。

・移動：マウスポインターが のときドラッグすると図形を移動できます。

・消去：図形を選択した状態で、［Delete］キーを押せば、図形が消去されます。

◆練習

・上で描いた図形を変形、移動してみましょう。

・その後、図形を消去し、「団地」用の四角形を作成します。

左の例では、大きさがわかるようにグリッドを表示していますが、自由な配置がしにくくなるので、以後の操作では、グリッドを非表示にしておきます。

テキストの追加

　ほとんどの図形は、その図形の中にテキストを追加できます。図形を指定後、右クリックでショートカットメニューを表示し、［テキストの追加］を選択します。

　　　　四角形の塗りつぶしを白に、線の太さを0.5ptにしてテキスト追加したものは、［挿入］タブの［図］グループより、［図形］－ ［テキストボックス］を指定したのと同じになります。
　　　　図形内での文字の配置は、［中央揃え］などのボタンが利用できます。

◆練習

・四角形に「団地」と入力します。

図形の選択とコピー

　［Shift］キーまたは［Ctrl］キーを押しながら選択していくと、複数の図形を選択できます。

　［ホーム］タブの［編集］グループより［選択］－［オブジェクトの選択］をクリックすると、マウスポインターの形が に変わるので、選択したい図形をドラッグして囲むことで、複数の図形を一度に選択することができます。

　　　　文字列の折り返しが［行内］の場合は、 によるオブジェクトの選択はできません。

　図形を移動するとき、［Ctrl］キーを併用すれば、元の図形は消えず、コピーになります。

　　　　もちろん、クリップボードを利用したコピー＆ペーストでも実行できます。

◆練習

・「団地」の四角形を、コピーして16個(4×4)にします。

　　　　1個を2個に、2個を4個にと倍々にコピーします。［オブジェクトの選択］を上手に利用しましょう。
　　　　縦に4個作成した時点で、［レイアウト］タブや［図形の書式］タブの［配置］グループより、 をクリックし、［左揃え］、［上下に整列］を実行し、4個の配列を整えておくと綺麗に作成できます。

図形の順序

　複数の図形が重なり合った場合、重なり具合を指定できます。図形を指定し、右クリックにより以下のショートカットメニューが表示されるので、希望の設定をクリックします。

［レイアウト］タブや［図形の書式］タブの［配置］グループより、［前面へ移動］や［背面へ移動］を選択しても実行できます。

◆練習

・楕円を2つ描くことで「公園」を作成します。最初に小さな円、次に大きな円を描き、重なり具合を確認します。その後、大きな円を最背面に移動することで、二重の楕円を表現します。

縦書きと横書き

　文字列を任意の位置に配置したい場合、［挿入］タブの［図］グループより、［図形］－ ［テキストボックス］や ［縦書きテキストボックス］を使用します。

　入力済みの文字列の方向を変更するには、［レイアウト］タブや［図形の書式］タブの［文字列の方向］から希望のデザインを選択します。

◆練習

・画面の左側に、「港南線」と「西条駅」を縦書きテキストボックスで入力します。
・二重の楕円の中央に「公園」を横書きテキストボックスで入力します。

図形の装飾

描いた図形は、［図形の書式］リボンの各ボタンで、装飾できます。

![図形の塗りつぶし] ：単色、グラデーション、図、またはテクスチャで塗りつぶします

![図形の枠線] ：線の色、太さ、スタイルを指定します

![図形の効果] ：影、光彩、反射、3D回転などの視覚効果を指定します

◆練習

・鉄道の線を直線で描き、色を黒、線種を「点線(角)」、太さを6ptに変更後、最背面に移動します。

・「港南線」の線の色を「線なし」に指定します。

・画面右上に矢印で方位を示すマークを描きます。

・テキストボックス「公園」を塗りつぶしなし、枠線をなしにして、位置を楕円の中央に移動します。

・公園の2つの楕円を、大を濃い赤色に、小を薄い緑色に塗り、2つとも枠線なしにします。

・団地を立体表示にします。

> 団地の四角形16個を選択した状態で、［図形の書式］タブの［図形のスタイル］グループより、![] を
> クリックすると、［図形の書式設定］作業ウィンドウが表示されるので、![] ［効果］の［3-D書式］
> で［奥行き］を50Ptに、［3-D回転］でX:10°、Y:10°に設定します。

グループ化

複数の図形を「グループ化」すると、1図形として扱うことができます。

あらかじめグループ化したい図形を選択しておき、［レイアウト］タブや［図形の書式］タブの［配置］グループで ![] ［グループ化］をクリックしてグループ化します。また、ショートカットメニューより［グループ化］を実行することもできます。

◆練習

・公園の2つの楕円と「公園」のテキストボックスをグループ化します。

> グループ化した後は、1つの図形として扱われることを確認してください。

・その他、不足している線を追加し、案内図を完成させましょう。

演習問題

(1) 地図

最寄りの駅から自宅までの地図を作成しなさい。

(2) 平面図

自宅の平面図を作成しなさい。

(3) キーボード

キーボードを描きなさい。

> グループ化の機能を上手に利用しましょう。

(4)　案内書

次の文書を入力しなさい。

キタ発第２０号

令和５年１０月１５日

新宿職業紹介センター
　　部長　花岡　喜久治　様

東京電子工業株式会社
　　人事部長　佐藤　康雄

臨時職員紹介のお願い

拝啓　余寒の候ますますご隆盛のこととお慶び申しあげます。平素は格別のご高配をいただきありがとうございます。
　さて、このたび当社では施設拡充にともない、臨時職員を募集いたします。
　つきましては、ぜひ貴センターにてご紹介くださいますよう、よろしくお願い申しあげます。
　なお、正職員につきましては、来年度より採用活動を再開しますので、またその節はどうぞよろしくお願い申しあげます。

敬　具

記

1．資　　　格　　年齢１８歳～３０歳まで
2．待　　　遇　　交通費支給、制服貸与
3．募　集　内　容

勤務店	職　種	勤務時間	時　給
新宿本店	CAD製図	9:30～15:00	1,000 円以上
池袋店		10:30～16:00	
恵比寿店	製作補助	11:00～18:00	1,200 円以上

　＊勤務時間・曜日は相談に応じます。
4．応　募　方　法　　電話連絡のうえ、履歴書持参でご来社ください。
5．問い合わせ先　　東京電子工業株式会社　新宿本店　人事課
　　　　　　　　　　新宿区西新宿３－３０－１
　　　　　　　　　　ＴＥＬ（０３）３３６７－７０９１

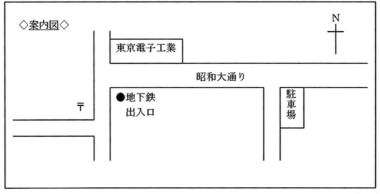

以　上

(5) 五大装置

コンピューターの五大装置の説明図を描きなさい。

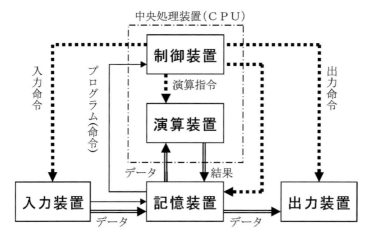

(6) 流れ図

自分の朝の行動を、下の例にならい、流れ図で表現しなさい。

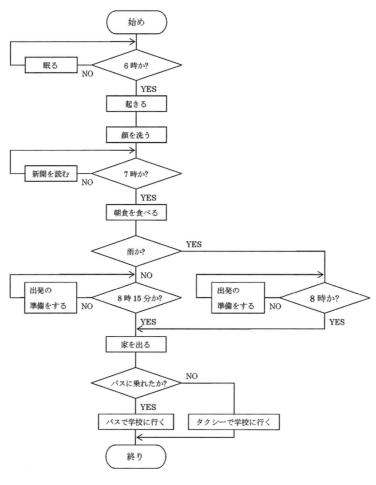

■ 2.6.2 SmartArt

　SmartArtを用いると、テキストに色や図形を追加して、階層構造、手順、集合関係などをより効果的に表現することが可能です。

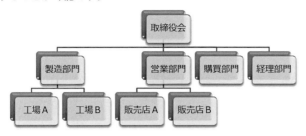

(1)　［挿入］タブの［図］グループより［SmartArt］を選択します。

(2)　［SmartArtグラフィックの選択］ダイアログボックスが表示されるので、目的に応じたグラフィックを選択します。

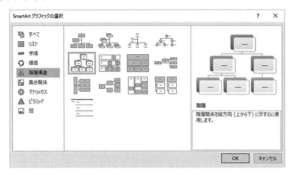

　　　グラフィックは種類ごとに分類されています。以下に各種類の大まかな特徴を記載します。

リスト	：連続性のない情報を表示する
手順	：プロセスまたはタイムラインのステップを表示する
循環	：継続プロセスを表示する
階層構造	：ツリーを利用し、組織図などを作成する
集合関係	：関連性を図解する
マトリックス	：全体に対する各部分の関係を表示する
ピラミッド	：最上部または最下部に最大の要素がある関係を示す
図	：画像を指標して図形を作成する

(3)　テキストは、図に直接入力してもよいのですが、［SmartArtのデザイン］タブの［グラフィックの作成］グループにある［テキストウィンドウ］をクリックすると、テキスト入力専用のウィンドウが表示されるので、ここに入力していきます。

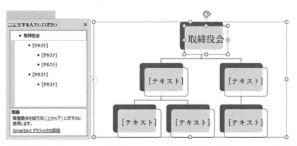

　　　各行には「レベル」が存在します。階層構造では、レベルが異なると上のレベルほど、図中の上の階層に表示されます。レベルの変更は［SmartArtのデザイン］タブの［グラフィックの作成］グループにある［レベル上げ］［レベル下げ］ボタンで設定します。

テーマ

Word、ExcelやPowerPointなど、Officeソフトはそのデザインに「テーマ」という概念を取り入れています。テーマを揃えることで、色調やフォントなど、外観のデザインを統一することができます。

各種テーマは［デザイン］タブの［テーマ］から選択します。

各テーマにマウスをポイントするだけで、効果がプレビューされます。先の組織図の例では、テーマに「イオン」を選択しています。

また、［SmartArtのデザイン］タブの［SmartArtのスタイル］グループより［3D］－［立体グラデーション］を設定しています。

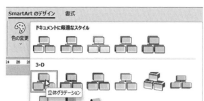

演習問題

(1) 会社の組織図

前ページの組織図を作成しなさい。

(2) 学校の組織図

自分の学校の構成を［集合関係］の［積み木型の階層］で表現しなさい。

(3) 県PRチラシ

SmartArtを利用して、県をPRするチラシを作成しなさい。

2.6.3 ワードアート

　通常の文書でも  [文字の効果と体裁] ボタンで装飾文字を作成できますが、ワードアートは3D効果等、さらに多くの装飾を加えることができます。また、オブジェクトとして認識されるので、文字を画面の自由な位置に配置することができます。

⑴　[挿入] タブの [テキスト] グループより [ワードアートの挿入] を選択し、ギャラリーから希望のスタイルを選択します。

⑵　ワードアートが挿入されるので、「ここに文字を入力」という文字を書き換えます。

⑶　ワードアートにより装飾された文字が作成されます。より詳細な設定をしたければ、[図形の書式] タブより、[ワードアートのスタイル] グループを利用します。

　ワードアートはテキストボックスと文字の効果を組み合わせた機能です。したがって、テキストボックスを作成し、その中で文字の効果を設定しても同じです。

◆練習

・自分の名前をワードアートにより、見栄えよくデザインしてみましょう。

　文字の3D化は、[図形の書式] タブの [ワードアートのスタイル] グループの  をクリックして、[図形の書式設定] 作業ウィンドウを表示し、[3-D書式] で奥行きを、[3-D回転] で回転角を設定します。
　左の例では、「反射」の効果も設定しています。

オブジェクトとテキストの折り返し

　図形描画やワードアートなどで作成されたデータは、Wordでは「オブジェクト」として扱われます。オブジェクトは本文のテキストとは別扱いになるため、本文と混在した場合、テキストとオブジェクトをどのように配置するかを指定しなければなりません。

　設定は、オブジェクトを選択し、［レイアウト］タブや［図形の書式］タブの［配置］グループより、「文字列の折り返し」をクリックして指定します。「行内」以外を指定した場合、そのオブジェクトは「浮動オブジェクト」となり、用紙の自由な位置に移動できるようになります。

行内：テキストの1文字として認識されます。

四角形：オブジェクトを四角形とみなし、その周りにテキストが配置されます。

狭く：オブジェクトの輪郭そのままに、テキストが配置されます。

内部：狭くに準じます。通常使用しません。

上下：テキストはオブジェクトの上下に配置されます。

背面：テキストとは無関係に、背面にオブジェクトが配置されます。

前面：テキストとは無関係に、前面にオブジェクトが配置されます。

　浮動オブジェクトを選択すると、左余白にアンカー⚓が表示されます。浮動オブジェクトも必ずどこかの段落に属しているので、その属している段落がアンカーで示されます。

オブジェクトを選択すると、アンカータグとともに、オブジェクトの右上に🖼［レイアウトオプション］ボタンが表示されます。ここをクリックしてもテキストの折り返しを指定できます。通常は［文字列と一緒に移動する］でよいのですが、オブジェクトをその場所に完全に固定したい場合は、［ページ上の位置を固定］を選択します。

　浮動オブジェクトがある文書を修正していて行が増えたり減ったりしたときに、突然そのページにあった浮動オブジェクトが別のページに移動することがありますが、それはアンカーのある段落が別のページに移動したために一緒に移動してしまうからです。通常アンカーは、浮動オブジェクトを移動すると一緒に移動しますが、アンカーそのものをマウスでドラッグしても移動することができますから、その図と関係のある段落に移動しておくのがよいでしょう。

◆練習

・ワードアートで文字列の折り返しを確認してみましょう。

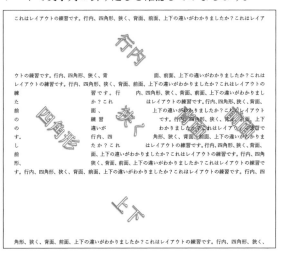

2.6.4 画像の挿入

画像の挿入は、すべて［挿入］タブの［図］グループから選択していきます。

ファイルの画像

自分で用意した画像を利用する場合は［画像］－ このデバイス...(D) で希望の画像を挿入します。

プレミアムクリエイティブコンテンツ

数千もの無料で利用できる各種コンテンツが用意されています。［画像］－ ストック画像...(S) または アイコン をクリックし、「画像」、「アイコン」、「人物の切り絵」、「ステッカー」、「イラスト」、「マンガの読者」からキーワードで検索し、希望の画像を選択します。

オンライン画像

検索エンジンBingを利用して、ネット上の画像を挿入することができます。［画像］－ オンライン画像(O)... で検索したい画像のキーワードを入力します。検索結果がサムネイル（縮小画像）で表示されるので、希望の画像を選択し、［挿入］ボタンをクリックします。

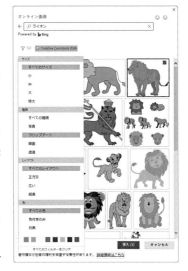

［フィルター］で「クリップアート」を選択すると、イラストのみが検索されます。

［Creative Commonsのみ］がチェックされている場合、その画像がCC（クリエイティブコモンズ）ライセンスにより提供されていることを示しています。

3Dモデル

3D モデル －［3Dモデルのストック］をクリックすると、オンラインで提供されている3Dモデルを挿入できます。

ハンドルを操作してモデルを回転させたり、［3Dモデル］タブからパン＆ズーム（移動＆拡大/縮小）したりすることができます。

■ 2.6.5 スクリーンショット

　スクリーンショットを使用して、画面全体あるいは画面の一部を簡単に画像として文書に貼り付けることができます。

(1) 取り込みたい画面をデスクトップの最前面に表示しておき、Wordの画面に切り替えた後、［挿入］タブの［図］グループより、［スクリーンショット］をクリックします。

(2) ［使用できるウィンドウ］が表示されるので、［画面の領域］をクリックします。もし、1つのウィンドウ全体を取り込みたい場合は、サムネイル（小さな画像）が表示されるので、希望のサムネイルをクリックします。

　　ブラウザーの設定によっては、サムネイルが黒くなる場合があります。その場合はサムネイルではなく、画面の領域による取り込みを指定します。

(3) Wordの画面が最小化され、デスクトップ全体が薄白くなるので、取り込みたい領域をドラッグして囲みます。

(4) 指定した領域が画像として貼り付けられます。

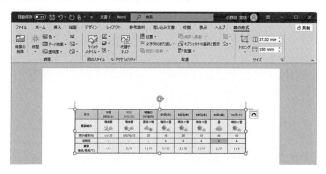

　　貼り付けられた画像は、文字列の折り返しが「行内」の設定になっているので、自由な場所に移動する場合は、「前面」等に切り替えます。

■ 2.6.6 画像編集

　Wordに挿入した画像に額縁のような枠を付けたり、丸く切り抜いたりといったスタイルを設定することができます。また、さまざまなアート効果を付けることもできます。さらに、背景を削除することで、簡単に合成写真を作成することができます。

(1)　画像を選択し、［図の形式］タブの［調整］グループより［背景の削除］をクリックします。

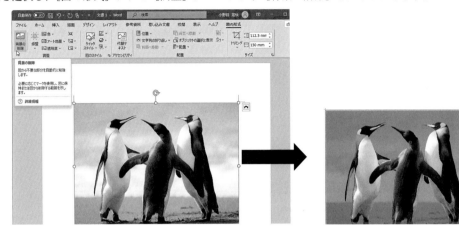

　　　削除された背景部分が紫色で表示されますが、上の例ではペンギンの首や足の一部も削除されてしまっています。

(2)　残したい部分が削除対象となっている場合は、［保持する領域としてマーク］で削除部分をドラッグし、削除対象からはずします。また、削除したい部分が残っている場合は、［削除する領域としてマーク］で削除対象に加えます。

(3)　［変更を保持］をクリックして、背景の削除を完了します。

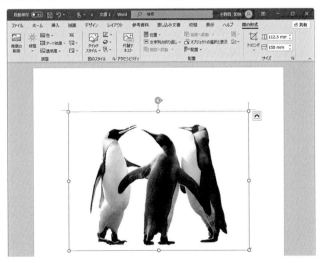

(4)　画像を合成するために、各画像の「文字列の折り返し」が「行内」の場合は「前面」に変更しておきます。また重なった場合の上下関係を考え、手前に表示する画像は「前面へ移動」を実行しておきます。

(5)　別に用意した背景の画像に、背景を削除した画像を移動し、大きさを調節します。

　　上の例では富士山の写真にペンギンの画像を重ねています。また、富士山の写真には［図の形式］タブの［図のスタイル］グループから「メタルフレーム」を設定しています。

(6)　挿入した図には、［図の形式］タブの［調整］グループより、［修正］、［色］、［アート効果］でさまざまな効果を加えることができます。

左の例では、背景の写真に「セメント」の効果を設定しています。同様に、ペンギンの写真にも各種効果を設定することができます。

演習問題

(1)　パンフレット

　ワードアートやオンライン画像などを効果的に使用し、入学を希望する学生に、自分の学校を紹介するパンフレットを作成しなさい。

(2)　カレンダー

　写真やイラストを使用し、カレンダーを作成しなさい。

　　　　カレンダーそのものは、新規作成時に［オンラインテンプレートの検索］欄で「カレンダー」で検索することで簡単に作成できます。

🖺 2.6.7 数式

　Wordには、複雑な数式を見たままに作成するツールがあります。この機能を使うことで、通常では不可能と思える数式も簡単に表現することができます。

数式ツール

　［挿入］タブの［記号と特殊文字］グループより、［数式］をクリックします。

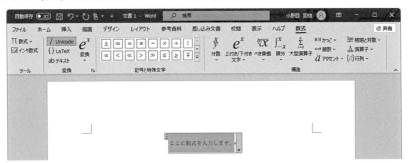

　　　　　数式の入力欄が表示され、上部には［数式］タブが表示されます。

　数式エディタでは、［数式］タブから記号を選択したり、変数や数値を入力したりして数式を組み立てます。数式を組み立てていくと、数式の文字サイズ、間隔、配置などが、数学の標準的な表記規則に従って自動的に調整されます。

　数式入力欄の外をクリックすると、作業中のドキュメントに戻ることができます。

◆練習

　・次の式を入力してみましょう。

$$\sum_{k=1}^{10} k^2$$

　　　　　［構造］グループより、［大型演算子］を選択し、メニューより次のボタンをクリックします。

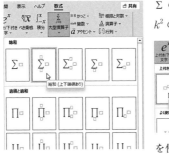 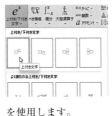

Σ の上、下、右に入力欄が表示されるので、値を入力します。

k^2 の入力には、

を使用します。

$$\frac{-b \pm \sqrt{b^2 - 4ac}}{2a}$$

　　　　　［インク数式］の機能を使うと、複雑な数式をマウスやタッチペンで直接入力できます。

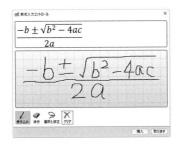

演習問題

(1) 数式入力

次の数式を入力しなさい

a) $\dfrac{1}{a}+\dfrac{1}{b}=\dfrac{1}{c}$

b) $S_n=\dfrac{n}{2}(a+a_n)=\dfrac{n}{2}\{2a+(n-1)d\}$

c) $\vec{p}=\dfrac{n\vec{a}+m\vec{b}}{m+n}$

d) $X_k=\dfrac{1}{2}x_0+\displaystyle\sum_{n=0}^{N-2}x_n\cos\left(\dfrac{\pi}{N-1}nk\right)+\dfrac{(-1)^k}{2}x_{N-1}$

e) $a=\sqrt{\left(\dfrac{d^2x}{dt^2}\right)^2+\left(\dfrac{d^2y}{dt^2}\right)^2}$

f) $\displaystyle\lim_{x\to\infty}(\sqrt{x+a}-\sqrt{x})=\lim_{x\to\infty}\dfrac{a}{\sqrt{x+a}+\sqrt{x}}=0$

g) $\displaystyle\int_a^b f(x)dx=[F(x)]_a^b=F(b)-F(a)$

(2) 行列

数式ツールを用い、次の文章を作成しなさい。

アフィン変換は

$$x'=ax+by+t_x \qquad y'=cx+dy+t_y$$

で行う。これを行列で表現すると、

$$\begin{bmatrix}x'\\y'\\1\end{bmatrix}=\begin{bmatrix}a&b&t_x\\c&d&t_y\\0&0&1\end{bmatrix}\begin{bmatrix}x\\y\\1\end{bmatrix}$$

となる。

原点を中心とする回転は

$$\begin{bmatrix}x'\\y'\\1\end{bmatrix}=\begin{bmatrix}x\cos\theta-y\sin\theta\\x\sin\theta+y\cos\theta\\1\end{bmatrix}=\begin{bmatrix}\cos\theta&-\sin\theta&0\\\sin\theta&\cos\theta&0\\0&0&1\end{bmatrix}\begin{bmatrix}x\\y\\1\end{bmatrix}$$

と表すことができる。θ は反時計方向を正とする回転角度を示している。

2.7 他のアプリケーションのデータ利用

他のアプリケーションで作成したデータをWordに取り込むにはいくつかの方法があります。

■ 2.7.1 コピー＆貼り付け

アプリケーションでデータを範囲指定し、[Ctrl] ＋ [c] (コピー)、[Ctrl] ＋ [v] (貼り付け)でクリップボード経由でデータを貼り付ける方法です。

アプリケーションの種類により、クリップボードへのデータの格納方法が異なります。より適切な貼り付け操作は、[ホーム] タブの [クリップボード] グループより、[貼り付け] をクリックし、[形式を選択して貼り付け] から実行します。

■ 2.7.2 ドラッグ＆ドロップ

アプリケーション内で指定した範囲をマウスでドラッグし、Word内にドロップしてデータを貼り付ける方法です。利用できるアプリケーションは限られます。

■ 2.7.3 オブジェクトの挿入

先に実習した「数式エディタ」は、Wordとは独立した別のアプリケーションです。このように、Word内で他のアプリケーションを直接操作できます。

[挿入] タブの [テキスト] グループの [オブジェクト] をクリックし、[オブジェクトの挿入] ダイアログボックスを開きます。[新規作成] タブより、希望のアプリケーションを選択します。

新規にアプリケーションのウィンドウを開くものもありますが、ツールバー自体がアプリケーションのものに変化する場合もあります。

◆練習

・Word内に「Excel」を起動してみましょう。

[オブジェクトの挿入] ダイアログボックスの [新規作成] タブより「Microsoft Excel Worksheet」を選択します。

第3章　表計算

　表計算ソフトは「スプレッドシート」とも呼ばれ、縦横に広がったデータを集計するのが本来の目的です。しかし、表計算ソフトとして、最もよく利用されているMicrosoft社の「Excel」では、基本的な表計算機能の他に、グラフを描いたり、簡易データベースとして用いたりと、多彩な使い方が可能です。

3.1　Excelの画面構成

3.1.1　セル・ワークシート・ブック

セル

　Excelでは、「セル」と呼ばれる行と列で区切られたマス目にデータを入力していきます。

　すべてのデータはセル単位で入力していきます。

　1つひとつのセルはアルファベット（列番号）と数値（行番号）からなるアドレスで指定します。

ワークシート

　セルが縦横に敷き詰められて1枚の「ワークシート」が形成されます。

　1枚のワークシートには、1,048,576行×16,384列のセルがあります。初期状態では、ワークシートの左上の部分が画面に表示されています。

　ワークシートは、最初「Sheet1」の1つしか用意されていませんが、自由に追加、削除できます。

ブック

　さらに、複数のワークシートをひとまとまりにして、「ブック」が形成されます。

　Excelでデータを保存する場合、この「ブック」が1つのファイルとして保存されます。

　上の例では、初期状態からワークシートを追加し、全部で3つのワークシートが用意されています。

■ **3.1.2 各部の名称と役割**

Excelを起動すると、次のような画面が表示されます。このうち、Excel特有の項目について説明します。

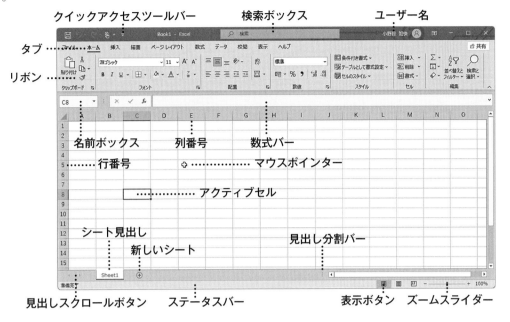

□**アクティブセル**

ワークシート上のある部分は、太枠で囲まれて表示されます。これをアクティブセルといい、データの入力等の操作はすべてこのアクティブセルを対象に実行されます。

□**列番号**

ワークシートの各列は、アルファベットで表されます。Zの次はAA、AB・・・と、XFD（16,384列）まで続きます。

□**行番号**

ワークシートの各行は、数値で表されます。値は1~1,048,576です。

□**クイックアクセスツールバー**

よく使うコマンドをワンクリックで実行できるように登録できます。

□**リボン**

作業に必要なコマンドが操作の種類ごとにまとめられています。タブをクリックして、表示されるコマンド群を切り替えることができます。

□**名前ボックス**

アクティブセルのアドレスが表示されます。

□**数式バー**

アクティブセルに入力されているデータの内容が表示されます。

□**シート見出し**

Excelのデータが複数のワークシートから構成される場合、ワークシートの切り替えは希望のシート見出しをクリックします。

□**見出しスクロールボタン**

ワークシートは［新しいシート］で自由に追加できます。ある程度以上になり、シート見出しが表示しきれなくなったとき、スクロールボタンでシート見出しをスクロールさせます。

□**見出し分割バー**

左右にドラッグして、シート見出しと水平スクロールバーの表示される割合を調節します。ダブルクリックすると既定の位置に戻ります。

□**ステータスバー**

コマンドやボタンの説明など、作業状況に関するメッセージが表示されます。表示ボタンとズームスライダーもここに表示されます。

3.2 基本入力

◼ 3.2.1 アクティブセルの移動

ワークシートへのデータの入力は、希望のセルをアクティブにして行います。

アクティブセルの移動は、マウスでダイレクトに指定するか、カーソルキーを利用しますが、以下のキーでの移動方法も知っておくと便利です。

下	[Enter]	前画面	[Page Up]
上	[Shift] ＋ [Enter]	行の先頭	[Home]
右	[Tab]	ワークシートの先頭	[Ctrl] ＋ [Home]
左	[Shift] ＋ [Tab]	入力されている最後のセル	[Ctrl] ＋ [End]
次画面	[Page Down]		

[End] キーを押すと、ステータスバーの左側に **Endモード** が表示されます。

この状態で、カーソルキーを押すと、カーソルの矢印の方向で最初のデータの切れ目までセルが移動します。[Ctrl] キーを押しながらカーソルキーを押しても同様の動作となります。

◆練習
　・ワークシート内で、上記のアクティブセルの移動操作を実行してみましょう。
　・アクティブセルをワークシートの一番右下(XFD1048576)に移動してみましょう。

◼ 3.2.2 オートコレクト

Excelにも入力データを自動的に修正するオートコレクトの機能があります。また、オートコンプリートと呼ばれる機能は、先頭の文字を入力すると、同じ列で連続したセルにある同じ読みのデータを表示してくれるものですが、慣れないうちは入力ミスの原因となりやすいものです。Word同様、最初のうちはこれらの機能はOFFにしておくほうがよいでしょう。

オートコレクト等の機能ＯＦＦ設定

[ファイル] タブ-[オプション](ウィンドウの大きさにより、-[その他]-[オプション]の場合もあります)の順にクリックして[Excelのオプション]ダイアログボックスを表示し、[文章校正]より[オートコレクトのオプション]をクリックします。
　　・[オートコレクト]タブのチェックをすべてOFFにします。
　　・[入力オートフォーマット]タブのチェックをすべてOFFにします。
[Excelのオプション]ダイアログボックスで、[詳細設定]より[オートコンプリートを使用する]のチェックをOFFにします。

◼ 3.2.3 セルの選択

Wordと同様、データの設定を操作する場合は、あらかじめ範囲を選択しておきます。Excelではセル単位で範囲選択します(文字単位で選択することも可能です)。

選択したセル範囲は、通常は○行×列の四角形になるので、その左上と右下のセルを用い、B2:D13のように記述します。

選択状態を解除するには、任意のセルをクリックします。

任意の範囲の選択

ワークシート内でマウスをドラッグすれば、ドラッグした範囲が選択されます。

[Shift] キーを押しながらマウスをクリックすると、アクティブセルとクリックしたときのマウスの位置のセルを対角としたセルが選択されます。

　マウスを用いず、［Shift］キーを押しながらカーソルキーを押すと、キーボードのみで範囲選択できます。

　　　［Ctrl］キーを押しながら選択していくと、範囲を追加したり除外したりできます。

◆練習

・上記3つの方法、「マウスのドラッグ」、「マウスと［Shift］キー併用」、「キーボードのみ」で、B2：D12を選択してみましょう。
・A1: XFD1048576（ワークシート全範囲）を選択してみましょう。

　　　［Shift］と［End］キーや［Ctrl］キーを利用して指定します。

・B2:B6,D8:E13の2つの範囲を同時に選択してみましょう。

行・列の選択

　行番号(列番号)をクリックすると、該当の行(列)が選択されます。

　行番号(列番号)をドラッグすると、連続した行(列)が選択されます。

　あらかじめ行番号(列番号)をクリックしておき、別の行番号(列番号)を［Shift］キーを押しながらクリックすると、その間のすべての行(列)が選択されます。

　［Ctrl］キーを併用しながら選択していくと、範囲を追加していくことができます。

◆練習

・C列:H列の6列を同時に選択してみましょう。
・B列,D列,E列の3列を同時に選択してみましょう。
・1行,3行,7行,10行の4行を同時に選択してみましょう。
・B列と4行を同時に選択してみましょう。
・C列,2行,E5:F9の3つを同時に選択してみましょう。

ワークシート全体の選択

　行番号と列番号が交差している部分(全セル選択ボタン)をクリックすると、ワークシート全体が選択されます。

　　　　　　　　　　　　　全セル選択ボタン

■ 3.2.4 データ入力

　セルへのデータ入力は、あらかじめ入力したいセルをアクティブにしておき、ワープロと同じ要領でデータを入力します。

　　　入力されているデータは、数式バーでも確認できます。

文字データ

　次のようにA列にデータを入力してみましょう。

	A
1	東京
2	Excel
3	3a5
4	

データは左揃えで表示されます。

数値データ

C列に次のようにデータを入力してみましょう。全角で入力しても半角で入力してもかまいません。
（実際にはすべて半角で入力されてしまいます）

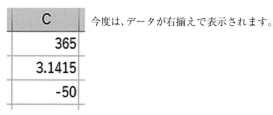

今度は、データが右揃えで表示されます。

このように、Excelでは文字データと数値データは区別して扱われます。文字データは全角や半角など、すべての文字を扱うことができますが、数値データは半角のみで、文字種も計算式として表現できるものに限られます。

指数表現

A4に 3e5 と入力します。

3a5 と入力した
3e5 と入力した

Excelでは、指数を表現するのに E を用います。したがって、3e5 と入力すると、これは 3×10^5 という数値データとみなされ、セルには 3.00E+05 と表示されます。数値データを強制的に文字データとして認識させるには、データの最初に「'」を付します。

◆練習

・A4に再度 '3e5 と入力し、左揃えで表示されるのを確認しましょう。

A4	▼	⋮	× ✓	f_x	'3e5

	A	B	C	D
1	東京		365	
2	Excel		3.1415	
3	3a5		-50	
4	3e5	❗		

セル内の表示は「3e5」ですが、数式バーには「'3e5」と表示されます。

スマートタグ

上記の方法で入力したデータは、本来数値としてみなされるべきデータを、強制的に文字列として扱っています。Excelでは入力者に注意を促すため、セルの左上に三角マークが付くと同時に、右側にはスマートタグ（❗）が表示されます。これをクリックするとメニューが表示され、入力後でも数値に変換するといった操作が可能になります。

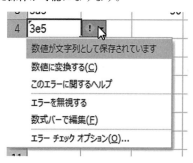

4	3e5	!

数値が文字列として保存されています
数値に変換する(C)
このエラーに関するヘルプ
エラーを無視する
数式バーで編集(F)
エラー チェック オプション(O)...

計算式

数値データは、数字だけでなく、計算式も入力可能です。この場合、計算式の前に「=」を付します。E1に =12+34 と入力してみましょう。

乗算は `*`、除算は `/` を用います。E2に =3+6/3 と入力してみましょう。通常の電卓であれば、3と表示されますが、Excelでは乗除算は加減算よりも先に実行されるので、5と表示されます。

上式で 3+6 を先に実行したい場合、カッコ () を用います。E3に =(3+6)/3 と入力してみましょう。

べき乗 ^ も使用できます。優先順位は四則演算よりも高くなります。E4に「=3*2^4」と入力すると、2の4乗を3倍することとなり、48が表示されます。

◆練習

・べき乗を利用して大きな数を作り、その数値がどのように表示されるか確認してみましょう。

データの修正

入力したデータを削除するには、削除する範囲のセルを選択し、[Delete] キーを押します。

入力したデータを修正するには、修正したいセルを選択し、[F2] キーを押します。以後、セル内でデータを修正できるようになります。また、セルを選択しておき、数式バーをクリックすると、数式バー内でデータを修正できます。

◆練習

・A1のデータを削除します。
・2行目のデータをすべて削除します。
・任意のセル範囲を指定し、その中のデータをすべて削除します。
・ワークシートのデータをすべて削除します。
・A1に「文字練習」と入力し、「練習」を「削除」に修正します。

■ 3.2.5 データの移動とコピー

クリップボード

Excelでも、セルに入力したデータを移動したりコピーしたりするのに、Windowsで用いられる一般的な方法、すなわち、クリップボードを利用した切り取り(コピー)&貼り付けが利用できます。

◆練習

・これまでの操作で、A1には「文字削除」が入力されています。このデータをA2:A4にコピー&貼り付けでコピーします。

　　　　[Ctrl] + [C]、[Ctrl] + [V] を使用します。

・A1:A4のデータを切り取り&貼り付けでC3:C6に移動します。

　　　　[Ctrl] + [X]、[Ctrl] + [V] を使用します。

スマートタグ(コピー&貼り付け)

クリップボードを利用したコピー操作では、貼り付けしたセルにスマートタグ(🔲 (Ctrl)▾)が表示され、操作後でも貼り付け方法が指定できます。

よく使うボタンは以下です。

🔲 [貼り付け] 一般的な貼り付けです。[Ctrl] + [V] と同じです

🔲 [数式] 書式は貼り付け先のままで、式だけ貼り付けます

🔲 [行列を入れ替える] 縦のデータを横に(逆も)並び替えて貼り付けます

🔲 [値] セルに表示されている結果の値のみを貼り付けます

🔲 [書式設定] 書式のみ貼り付けます

◆練習

A1に =3+4 と入力し、A1のデータを［Ctrl］＋［C］でクリップボードにコピーします。

・B1に［Ctrl］＋［V］で貼り付けます。貼り付け後はそのままにしておきます。

・B2に［Ctrl］＋［V］で貼り付けます。その後、スマートタグをクリックし、メニューより[値]を選択します。

B1、B2それぞれの内容を、数式バーで確認してみましょう。

ドラッグ＆ドロップ

クリップボードを用いずに、マウスによるドラッグ＆ドロップでも、移動やコピーが可能です。

移動（コピー）元のセル範囲を選択し、その範囲の枠の部分（上下左右のどこでも可）にマウスをポイントすると、マウスポインターの形が に変わります。そのまま移動したい場所にドラッグ＆ドロップすれば、選択した範囲のデータを移動できます。このとき、［Ctrl］キーを押しながら操作すると、コピーになります。

クリップボードを利用したコピーでは、1つのセルの内容を、複数のセルにコピーできますが、ドラッグ＆ドロップでは、コピー元の範囲とコピー先の範囲は同じ大きさになります。

◆練習

・C3:C6のデータをE1:E4にドラッグ＆ドロップで移動します。

・E3:E4のデータをA1:A2にドラッグ＆ドロップでコピーします。

演習問題

(1) 自分の名前をB2:L30のすべてのセルに入力しなさい。

(2) 次の計算を、Excelのセルに数式そのままの形で入力し、実行しなさい。

a) $4 \times 2 - 7 \times 5$

b) $3 - 3(2 - 4 \times 5)$

c) $\left(\dfrac{3}{30} + \dfrac{2}{3} \right)$

d) $\dfrac{(2-6) \times 3 + 4}{6 \times 2 - 3}$

e) $\dfrac{\dfrac{3+8}{4} - 5}{4 - 2 \times 3} + 2^{(9-7)}$

注：分数の分母、分子はそれぞれカッコでくくっておく必要があります。

3.3　表の作成

ここでは、次のような表を作成し、表計算処理の基本を習得します。

	A	B	C	D	E	F	G	H	I
1									
2		*学期末テスト点数表*							
3									
4		氏名	英語	数学	国語	合計	平均	順位	
5		鈴木有希	88	79	68	235	78.3	3	
6		佐藤博晃	77	54	67	198	66.0	5	
7		大久保久美子	86	95	92	273	91.0	1	
8		有馬千景	82	74	76	232	77.3	4	
9		斉藤尚人	92	71	83	246	82.0	2	
10		平均	85.0	74.6	77.2	236.8	78.9		

■ 3.3.1 データ入力

各セルに、次のようにデータを入力します。

	A	B	C	D	E	F	G	H
1								
2		学期末テスト点数表						
3								
4		氏名	英語	数学	国語	合計	平均	順位
5		鈴木有希	88	79	68			
6		大久保久美	86	95	92			
7		有馬千景	82	74	76			
8		斉藤尚人	92	71	83			
9		平均						

・「学期末テスト点数表」は後で表の中央に揃えます。入力時はB2に入力します。

・入力範囲をあらかじめ範囲指定しておくと、入力時、セルを移動する手間が省けます。ここでは、C5:E8をあらかじめ範囲指定してから数値を入力します。

　　　最初はセルの幅がどの列も同じなので、長い氏名の人は、その右側のセルにデータが入力されると、氏名すべてが表示されなくなりますが、セルのデータが消えたわけではありません。B6の内容を、数式バーで確認してみましょう。

・F～H列と9行目の数値はExcelで計算するので、入力せず空欄にしておきます。

・「佐藤博晃」のデータは、後で行挿入で追加するので、この時点では入力しません。

■ 3.3.2 数式の入力

数式による合計

F5に鈴木有希の合計を表示します。3科目の合計を表す計算式ですから、

　　=88+79+68

と入力すればよいのですが、3科目の点数はC5、D5、E5に入力されているので、

　　=C5+D5+E5

と入力します。セル番地を使用することにより、元のデータを変更すれば、計算式の結果も瞬時に再計算されて表示されます。

　なお、式の入力は、= の後、C5 とタイプする代わりに、マウスやカーソルキーでC5のセルを選択しても入力することができます。セルに =C5 まで表示されたら、+ をキーボードより入力し、再度D5のセルを選択…として最後まで入力します。

◆練習

・C5のデータ「88」を「90」に変更してみましょう。

　　　合計が「235」から「237」に変化するのを確認します。確認後、データは「88」に戻しておきます。

オートSUMによる合計

　合計を求める処理は、表計算では最もよく出てくる処理の1つなので、Excelでは、「オートSUM」として、その機能をボタンに割り振っています。ここでは、上で入力したF5の値をオートSUMにより求めてみましょう。あらかじめ、F5のデータは削除しておきます。

(1)　セルF5を選択し、ツールバーより、　Σ　［オートSUM］ボタンをポイントします。

　　　　ウィンドウの横幅が十分にある場合、ボタンは　Σ オート SUM　のように表示されます。また、ボタンをポイントすると解説の画面が表示されます。

> 合計 (Alt+=)
> 自動的に足し算します。合計は、選択したセルの後に表示されます。

(2)　ボタンの確認ができたら、そのままボタンをクリックします。

SUM		× ✓ fx	=SUM(C5:E5)				
	A	B	C	D	E	F	G	H
1								
2		学期末テスト点数表						
3								
4		氏名	英語	数学	国語	合計	平均	順位
5		鈴木有希	88	79	68	=SUM(C5:E5)		
6		大久保久美	86	95	92	SUM(数値1, [数値2], ...)		
7		有馬千景	82	74	76			
8		斉藤尚人	92	71	83			
9		平均						

(3)　F5の内容が自動的に「=SUM(C5:E5)」となり、合計の範囲がC5:E5であることがわかります。そのまま［Enter］キーを押して決定すれば、3科目の合計が表示されます。

　F5に入力された SUM というのは、合計を求める関数です。通常、関数は関数名の後ろにカッコ()を付し、カッコ内にその関数が必要とする項目を記述します。このカッコ内に記述する項目を引数(ひきすう)といい、SUM関数ではC5:E5のように、セル範囲を記述します。

　オートSUMは、SUM関数を入力し、引数に必要とする合計範囲を、表から自動的に判断してカッコ内に入力する機能であるといえましょう。

　なお、オートSUMの機能を利用せず、自分でF5に「=SUM(C5:E5)」と入力しても同じです。

■ 3.3.3 データのコピー

　データのコピーについては、コピー&貼り付けやドラッグ&ドロップの方法をすでに学習しましたが、コピー元から上下左右の連続したセルにコピーする場合には、フィルハンドルを利用する方法が便利です。ここでは、F5の内容をその下のF6:F8にコピーします。

(1)　セルF5を選択します。

　　　　アクティブセル右下の　■　をフィルハンドルといい、データを連続してコピーする場合に使用します。

(2)　フィルハンドルにマウスポインターをあわせると、ポインターの形が十字に変わります。

(3)　このまま、コピーしたい方向にマウスをドラッグすると、データがコピーされます。

	合計	平均			合計	平均
68	235		→	68	235	
92				92	273	
76				76	232	
83				83	246	

下方向へのコピーの場合、対象となる列の左右方向の列に、すでにデータが入力してあれば、フィルハンドルをダブルクリックするだけで、左右のデータ列にあわせてデータがコピーされます。

　G列の「平均」は、=合計/3 で求めることができます。G5に =F5/3 を入力し、平均を求めましょう。データは下にコピーしておきます。

　　　　「平均」も、オートSUMボタンのメニューよりワンタッチで求めることができますが、この方法は後で学習します。

■ 3.3.4 相対番地と絶対番地

相対番地

　合計の数式をコピーした後、各セルの内容を確認してみましょう。コピー元のSUM関数の引数である C5:E5 の範囲は、それぞれ、C6:E6、C7:E7、C8:E8と適切に変化していることがわかります。これは、Excelでは、数式内で指定したセル番地が「相対番地」として扱われるためです。つまり、

　　　=SUM(C5:E5)

という内容は、Excelでは、式の入力されているセルを基準に、

　　　=SUM([3つ左隣のセル]:[1つ左隣のセル])

として認識されているのです。そのため、この数式をどこにコピーしても、左3つ分のセルの合計が表示されるわけです。

絶対番地

　場合によっては、コピー後もセル番地が変わってほしくない場合もあります。このような場合、列と行それぞれの値の前に「$」を付します。すると、そのセルは絶対番地として扱われることになります。

　次の例は、ある幼稚園の運動会で、かけっこの景品に用意する菓子の数の注文表です。

	A	B	C	D	E
1					
2		注文表	景品単価	50	
3					
4			購入数	金額	
5		とまと	23	1,150	
6		たんぽぽ	18	900	
7		いちご	22	1,100	
8		合計	63	3,150	

　金額のセルに入る計算式は、＝(景品単価)＊(購入数)　になります。

　ここで、(景品単価)の部分はD5〜D8いずれのセルの式中でもD2の値が参照されます。このような場合は、絶対番地として扱い、たとえば、D5には

　　　=$D$2*C5

と入力します。こうしておくと、D5の計算式をコピーしても、式の前半の部分はいつもD2を参照するようになります。

　　　　式の入力時には $ を付けずに入力し、D2と入力した時点で、[F4] キーを押すと、簡単に絶対番地に変更できます。また、入力後であっても、[F2] キーで修正するとき、絶対番地にしたいセル番地にカーソルを移動し、[F4] キーを押すと $ を付けることができます。

◆練習

・上の例を、Sheet2に作成してみましょう。

　　　新たにワークシートを追加するには、⊕ [新しいシート]をクリックします。

複合番地

次のような九九早見表を作ってみましょう。

	A B	C	D	E	F	G	H	I	J	K
1										
2	九九早見表									
3										
4		1	2	3	4	5	6	7	8	9
5	1	1	2	3	4	5	6	7	8	9
6	2	2	4	6	8	10	12	14	16	18
7	3	3	6	9	12	15	18	21	24	27
8	4	4	8	12	16	20	24	28	32	36
9	5	5	10	15	20	25	30	35	40	45
10	6	6	12	18	24	30	36	42	48	54
11	7	7	14	21	28	35	42	49	56	63
12	8	8	16	24	32	40	48	56	64	72
13	9	9	18	27	36	45	54	63	72	81

C5に入力する式は

  =B5＊C4

ですが、コピーすることを考えると、

  （B列固定・行は相対的に変化）＊（列は相対的に変化・4行固定）

と考え、

  =$B5＊C$4

とします。これで、C5の式を全体にコピーすれば、いっぺんに表ができあがります。

　このように、セル番地の一方のみに$がついたものを、複合番地と呼びます。

   絶対番地で利用できる場合は、無理に複合番地にする必要はありません。さきの注文表の例でも、
   =D$2＊C5 と書くことも可能ですが、通常は絶対番地として記述します。

◆練習

　・上の例を、Sheet3に作成してみましょう。

■ 3.3.5 関数

　C9に4人の英語の平均を求めてみましょう。

　平均は合計を4で割ればよいですから、

  =(C5+C6+C7+C8)/4

と入力すれば、求めることができます。また、これまで学習したSUM関数を利用して

  =SUM(C5:C8)/4

としても求めることができます。SUMはオートSUMの機能により、とくに関数であることを意識しなくても利用できましたが、Excelにはこのほかにも非常にたくさんの関数が用意されています。

平均

　平均を求める関数はAVERAGEです。C9に

  =AVERAGE(C5:C8)

と入力すればよいのですが、ここでは、オートSUMボタンのメニューから入力してみましょう。

⑴　セルC9を選択し、オートSUMボタン右側の ▾ をクリックしてメニューを表示します。

⑵　メニューより、［平均］を選択すると、自動的に式が挿入されます。

	A	B	C	D	E	F	G	H
1								
2		学期末テスト点数表						
3								
4		氏名	英語	数学	国語	合計	平均	順位
5		鈴木有希	88	79	68	235	78.33333	
6		大久保久美	86	95	92	273	91	
7		有馬千景	82	74	76	232	77.33333	
8		斉藤尚人	92	71	83	246	82	
9		平均	=AVERAGE(C5:C8)					
10			AVERAGE(数値1, [数値2], ...)					

SUM　×　✓　ƒx　=AVERAGE(C5:C8)

平均のほか、数値の個数、最大値、最小値 はこのようにワンタッチで求めることができます。

　C9に入力したAVERAGE関数の引数も相対番地として扱われています。フィルハンドルを利用し、D9:G9に式をコピーしておきましょう。

順位

順位を［関数の挿入］の機能を利用して求めてみましょう。

(1) セルH5を選択し、数式バーより **𝒇𝒙**［関数の挿入］ボタンをクリックするか、オートSUMボタンの
メニューより［その他の関数］を選択します。

(2) ［関数の挿入］ダイアログボックスが表示されるので、［関数の検索］に利用したい関数のキーワー
ド、たとえば「順位」と入力し、［検索開始］ボタンをクリックします。

［関数名］の欄に「順位」をキーワードとした関数が
表示されるので、下の説明を読み、希望の関数を見
つけます。

左の例では、RANK.EQ関数が選択されています。順
位を求めるのに、RANK.EQ関数の他、RANK関数を
使っても同じ結果が得られます。詳細は、3.6.2統計
関数を参照してください。

(3) ［関数名］の欄に「順位」をキーワードとした関数が表示されるので、下の説明を読み、希望の関
数を見つけ、［OK］ボタンをクリックします。

(4) 続いて、［関数の引数］ダイアログボックスが表示されます。

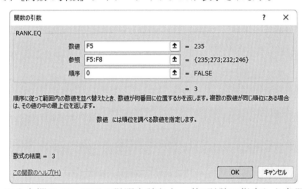

RANK.EQ関数には3つの引数が
必要であることがわかります。
それぞれの入力欄をクリックし、
該当のセルをマウスで範囲指定
します。

　［順序］の入力欄について下の説明を読むと、第2引数で指定した参照範囲の数値の大きい順（降順）に
番号を振るには、0を指定するか省略すればよいことがわかります。

　　　　　　関数の詳しい解説は、［この関数のヘルプ］をクリックして確認することができます。

(5) H5に　=RANK.EQ（F5,F5:F8,0）　が入力され、鈴木有希の順位が3番であることがわかります。

　　　　　　合計を元に順位を求めましたが、平均を元に求めても同じです。

(6) 平均と同様、H5に入力した式もH6～H8にコピーします。ただし、コピー前に第2引数の F5:F8 を
絶対番地としておく必要があります。

　　　　　　ダイアログボックスでの［参照］の入力時に［F4］キーで絶対番地にすることもできます。

■ 3.3.6 表示形式の変更

　平均は、小数点以下の表示桁数がセルごとにばらばらです。セルの表示形式を変更して、小数点以下
の表示桁数を指定するには、 **⬸.0⁄.00**［小数点以下の表示桁数を増やす］、 **.00⁄⬿.0**［小数点以下の表示桁数を減ら
す］ボタンを使用します。

　　　　　　この場合、データが四捨五入されて表示されますが、実際のデータは変更されません。

・平均を表示するG列（G5:G8）と9行目（C9:G9）を選択し、小数点以下1桁の表示とします。

その他、数値の表示形式に、次のようなボタンが用意されています。

- ☒［通貨表示形式］…………数値の前に¥を付し、3桁ごとにカンマ表示。小数点以下四捨五入
- **%**［パーセントスタイル］…数値を％表示（100倍して％を付す）
- **,**［桁区切りスタイル］……3桁ごとにカンマ表示

元に戻すには、表示形式で ［標準］を選択します。

■ 3.3.7　表示幅変更
セル幅の変更は、Wordの表の操作方法と同じです。

各セルの幅を変更
変更したい列番号の右側にマウスポインターを移動し、ポインターの形が次のように変化するのを確認します。

B ✛ C

そのままドラッグすれば、セル幅を変更することができます。
- B列の幅を12.00に変更します。

複数の列をまとめて変更
複数の列を選択し、そのうちの1つのセル幅を変更します。
- C〜G列の幅を一度に6.00に変更します。

最適な列幅に設定
Wordの表と同様、列番号の右側をダブルクリックすると、その列で最長のデータが入力されているセルの内容がすべて表示されるように自動的に列幅が調節されます。
- H列の幅を、ダブルクリックにより調節します。

■ 3.3.8　表示位置変更
標準で文字は左揃え、数値は右揃えで表示されますが、意識的にこれらの表示位置を変更したい場合、［ホーム］タブの［配置］グループより次のボタンをクリックします。
- ≡［左揃え］
- ≡［中央揃え］
- ≡［右揃え］
- B4:H4とB9の項目名をすべて中央揃えに設定します。
- B2の「学期末テスト点数表」は、表全体の中央に表示します。B2:H2を範囲選択し、▣［セルを結合して中央揃え］ボタンをクリックします。

■ 3.3.9　フォント設定
各セルのフォントはWordと同様、文字種やサイズを自由に設定できます。
- すべての文字を「游ゴシック Medium」に変更します。
- B2の「学期末テスト点数表」を16ポイント、斜体に変更します。
- B4:H4の項目名を太字に設定します。

■ 3.3.10 セルの修飾（罫線・セル色・フォント色）

罫線

　罫線を引きたいセルを選択しておき、［ホーム］タブの［フォント］グループより ⊞▾ ［罫線］ボタ
ンをクリックし、メニューより希望の罫線（13種類）を選択します。

　上記のメニューに表示されている種類以外の線を引くには、メニューの［線のスタイル］より希望の
線種を選択します。セルポインターが鉛筆の形になるので、マウスをドラッグして線を引きます。

　また、［線の削除］で任意の線を消すことができます。

・でき上がりの表を参考に、罫線を引きましょう。

セル色・フォント色

🖌▾ ［塗りつぶしの色］…選択したセルの背景に色を付ける

Ａ▾ ［フォントの色］……文字列に色を付ける

　　　　色の選択時に「テーマの色」から色を選択しておくと、後で、テーマを変更することで、他のOffice
　　　　文書と色の統一を保ちながら、外観を大きく変えることができます。

・B4:H4の項目名のセルをオレンジで塗りつぶします。

■ 3.3.11 行挿入（列挿入）

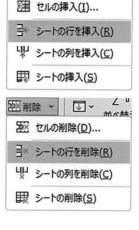

空行（空列）を挿入するには、挿入したい行（列）の下（右）のセルを選択し、［ホーム］タブの［セル］グループより、🔲挿入 ▾ ［挿入］ボタンで［シートの行（列）を挿入］を選択します。あるいは、挿入したい行の次の行番号を選択し、右クリックでショートカットメニューを表示し、［挿入］を選択します（列も同様です）。このとき、複数の行を選択しておくと、複数の空白行が挿入されます。

行（列）の削除は、削除したい行（列）を含むセルを選択しておき、［ホーム］タブの［セル］グループより、🔲削除 ▾ ［削除］ボタンで［シートの行（列）を削除］を選択します。あるいは、削除したい行番号を選択し、右クリックでショートカットメニューを表示させ、［削除］を選択します（列も同様です）。このとき、複数の行を選択しておくと、複数の行が削除されます。

・「鈴木有希」の下に　氏名：佐藤博晃、英語：77、数学：54、国語：67　として、新しいデータを挿入します。

「合計」、「平均」、「順位」のセルは、その上の行の式をフィルハンドルでコピーしておきます。

■ 3.3.12 印刷

Word同様、［ファイル］タブをクリックしてバックステージビューを表示します。［印刷］をクリックして、印刷プレビューで印刷イメージを確認してから印刷を実行します。

ヘッダー・フッター

［挿入］タブの［テキスト］グループで［ヘッダーとフッター］をクリックします。

ヘッダーの入力は左側・中央・右側の3ヶ所です。希望の場所をクリックして入力します。なお、日付やページなどは［ヘッダーとフッター］タブの［ヘッダー/フッター要素］より該当するボタンをクリックして設定することができます。

［表示］タブの［ブックの表示］グループより［ページレイアウト］をクリックするか、画面右下のステータスバーの 🔳 ［ページレイアウト］をクリックしてもこの画面に切り替えることができます。

設定後は、表示を 🔲 ［標準］に戻しておきます。

・ヘッダー部の左端に自分の氏名を、フッター部の右端に今日の日付を入力します。

余白

　［ページレイアウト］タブの［ページ設定］グループより［余白］をクリックし、［標準］［広い］［狭い］から選択しますが、［ユーザー設定の余白］で上下左右の余白を個々に設定することもできます。

　　　　　同様の操作は、［ファイル］タブ−［印刷］をクリックし、設定メニューから余白を選択しても可能です。

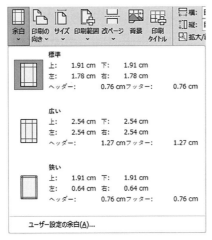

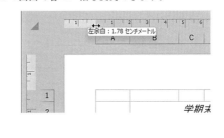

ページレイアウトビューでルーラーの境界部分をドラッグして余白を変更することもできます。また、この画面で各セル幅も変更できます。

　・セルが、用紙の幅のほぼ中央に表示されるように、左余白を調節します。

3.3.13 保存

　データを保存する操作は、Wordと同じです。

　　・バックステージビューより［名前を付けて保存］をクリック

　　・クイックアクセスツールバーの 🖫 ［上書き保存］ボタンをクリック

のいずれかで、保存用のダイアログボックスを表示します。

　Excelの拡張子は xlsx です。

　ファイル名の入力欄には、まだ一度も保存していない場合は、Book1.xlsx と表示されているので、希望のファイル名に変更します。このとき、最後の .xlsx の入力は不要です。システムが自動的に付加します。

　［保存］ボタンをクリックして、保存します。

　　・これまでの表を、「期末テスト.xlsx」で保存します。

演習問題

(1) データ挿入

　3.3で作成した表の、佐藤博晃と大久保久美子の間に空行を挿入し、氏名の欄に自分の名前、英語・数学・国語の各欄に適当な点数を入力した表を作成しなさい。

　さらに、数学と国語の間に、理科の列を挿入し、6人分適当な点数を入力した表を作成しなさい。

(2) 降水量

次の降水量の表を作成しなさい。

	A	B	C	D	E	F	G	H	I	J	K	L	M	N	O	P
1																
2		各地の降水量														
3															(単位：mm)	
4		観測地点	1月	2月	3月	4月	5月	6月	7月	8月	9月	10月	11月	12月	合計	平均
5		札幌	108	94	82	62	55	66	69	142	138	116	99	100	1,131	94
6		東京	45	60	100	125	138	185	126	148	180	164	89	46	1,406	117
7		大阪	46	60	102	134	139	206	157	95	172	108	65	34	1,318	110
8		那覇	113	106	162	152	243	253	190	259	168	151	117	123	2,037	170
9		平均降水量	78	80	112	118	144	178	136	161	165	135	93	76	1,473	123
10																

　　　　　他の都市の降水量についても、調べて追加してみましょう。

(3) 注文表

次のメニュー注文表を作成しなさい。

	A	B	C	D	E
1					
2		品名	単価	数量	金額
3		ハンバーグ	700	2	1,400
4		ラーメン	400	5	2,000
5		カレー	500	4	2,000
6		スパゲッティ	600	3	1,800
7		小計			7,200
8		消費税			720
9		合計			7,920

(4) 円ドル変換（絶対番地）

　次の表を作成し、C4:C7に適切な式を入力しなさい。ただし、式の入力はC4のみとし、C5:C7へはC4の式を複写します。絶対番地の指定が必要です。

	A	B	C
1	変換レート(円/ドル)		112
2			
3	品名	円	ドル
4	テレビ	26,400	235.71
5	ラジオ	4,620	41.25
6	ポット	2,640	23.57
7	冷蔵庫	1,980	17.68
8			

(5) 預金計画表(複合番地)

毎年定額で銀行にお金を貯蓄していった場合、1年後、2年後、・・・の貯蓄額を求めます。

年利率に数値を入力すると、預入金○○に対する○○年後の金額がわかるように表を作成します。

$を効果的に使用(複合番地)することにより、1個または2個の式を入力し、後はコピーで作成します。

	A	C	D	E	F	G	H	I	J	K	L
1	預金計画表										
2											
3	年利率	2.00%									
4											
5	預入金	1年後	2年後	3年後	4年後	5年後	6年後	7年後	8年後	9年後	10年後
6	10,000	10,200	20,604	31,216	42,040	53,081	64,343	75,830	87,546	99,497	111,687
7	20,000	20,400	41,208	62,432	84,081	106,162	128,686	151,659	175,093	198,994	223,374
8	30,000	30,600	61,812	93,648	126,121	159,244	193,029	227,489	262,639	298,492	335,061
9	40,000	40,800	82,416	124,864	168,162	212,325	257,371	303,319	350,185	397,989	446,749
10	50,000	51,000	103,020	156,080	210,202	265,406	321,714	379,148	437,731	497,486	558,436
11	60,000	61,200	123,624	187,296	252,242	318,487	386,057	454,978	525,278	596,983	670,123
12	70,000	71,400	144,228	218,513	294,283	371,568	450,400	530,808	612,824	696,480	781,810
13	80,000	81,600	164,832	249,729	336,323	424,650	514,743	606,638	700,370	795,978	893,497
14	90,000	91,800	185,436	280,945	378,364	477,731	579,086	682,467	787,917	895,475	1,005,184
15	100,000	102,000	206,040	312,161	420,404	530,812	643,428	758,297	875,463	994,972	1,116,872
16	110,000	112,200	226,644	343,377	462,444	583,893	707,771	834,127	963,009	1,094,469	1,228,559
17	120,000	122,400	247,248	374,593	504,485	636,975	772,114	909,956	1,050,555	1,193,967	1,340,246
18	130,000	132,600	267,852	405,809	546,525	690,056	836,457	985,786	1,138,102	1,293,464	1,451,933
19	140,000	142,800	288,456	437,025	588,566	743,137	900,800	1,061,616	1,225,648	1,392,961	1,563,620
20	150,000	153,000	309,060	468,241	630,606	796,218	965,143	1,137,445	1,313,194	1,492,458	1,675,307
21	160,000	163,200	329,664	499,457	672,646	849,299	1,029,485	1,213,275	1,400,741	1,591,955	1,786,994
22	170,000	173,400	350,268	530,673	714,687	902,381	1,093,828	1,289,105	1,488,287	1,691,453	1,898,682
23	180,000	183,600	370,872	561,889	756,727	955,462	1,158,171	1,364,934	1,575,833	1,790,950	2,010,369
24	190,000	193,800	391,476	593,106	798,768	1,008,543	1,222,514	1,440,764	1,663,379	1,890,447	2,122,056
25	200,000	204,000	412,080	624,322	840,808	1,061,624	1,286,857	1,516,594	1,750,926	1,989,944	2,233,743

毎年の貯蓄額を50,000円、利率を2%とすると、

1年後には 51,000円になります。

(元金 0円+預入金50,000円+利子1,000円(=50,000×0.02))←次年度元金

2年後には103,020円になります。

(元金 51,000円+預入金50,000円+利子2,020円(=101,000×0.02))←次年度元金

3年後には156,080円になります。

(元金 103,020円+預入金50,000円+利子3,060円(=153,020×0.02))←次年度元金

つまり、x年後の貯蓄額は

前年度までの貯蓄額+預入金+(前年度までの貯蓄額+預入金)×利率

となります。

3.4   グラフ

グラフ機能によりデータを視覚化すると、その表の内容をより理解しやすくなります。

▪ 3.4.1 グラフ作成

「支店別売上ポイント」のデータをもとに、次のようなグラフを作成してみましょう。

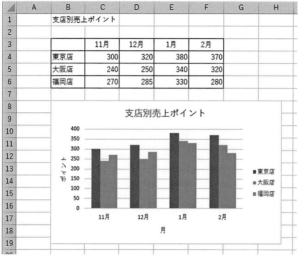

グラフ化するには、必ず数値データが必要になります。しかし、普通、数値だけが入力された表というのはありません。必ず、その数値が何を意味するのか、表の上下左右に項目名などが入力されているはずです。項目名は、グラフ化したとき、縦軸や横軸に適用されることになります。

(1) 表内のセルを選択しておき、[挿入] タブの［グラフ］グループより、使用するグラフの種類を選択します。

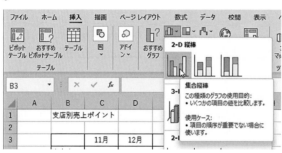

例では、[縦棒/横棒] より、[集合縦棒] を選択しています。

どのグラフを選んだらいいかわからないときは、[グラフ] グループより、[おすすめグラフ] を選択すれば、Excelがデータの内容に合わせて、最適なグラフを提案してくれます。

(2) ワークシートにグラフが表示されるとともに、新たにグラフツールに関する2つのリボン（グラフのデザイン、書式）が追加されます。

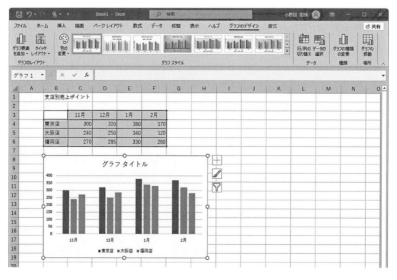

(3) ［グラフのデザイン］タブの［グラフのレイアウト］グループより、［グラフ要素を追加］で、［軸ラベル］や［凡例］を設定します。

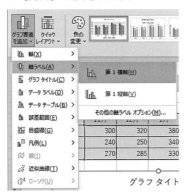

［クィックレイアウト］を使用し、各要素を一度に配置できます。右の図では、［レイアウト9］で
　グラフタイトル、凡例、
　軸ラベル、横軸、縦軸、
　目盛線
を設定しています。

グラフ右上の ⊞［グラフ要素］ボタンをクリックし、メニューからグラフの各要素を設定することもできます。

　グラフエリアの周りに太い枠が表示されているときは、グラフが選択された状態にあることを示しています。グラフエリアをドラッグして移動できますし、四隅と上下左右の中央部分にあるハンドルをドラッグすればグラフの大きさを変更できます。これらは、Wordでのオブジェクトの扱い方と同じです。
　ワークシートの任意のセルを選択すると、グラフエリアの選択が解除されます。
　セルの数値と棒グラフの長さは対応しているので、数値が変われば、グラフの形も瞬時に変化します。

◆練習
　・表のデータに適当な数値を上書きし、グラフの形が変化するのを確認します。

■ 3.4.2 グラフの諸設定
軸データの入れ替え
　［グラフのデザイン］タブの［データ］グループより、［行/列の切り替え］を選択することで、元データの行および列をグラフにプロットする方法を簡単に切り替えることができます。

上の例では、あわせて横軸ラベルも変更しています。

グラフの再設定
　［グラフのデザイン］タブの［種類］グループで［グラフの種類の変更］を選択し、別のグラフを指定することで、自由にグラフの種類を変更することが可能です。

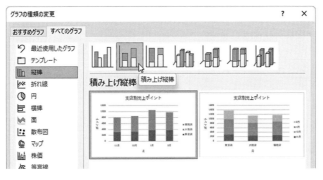

左の例では、［縦棒］より、［積み上げ縦棒］を選択しています。

書式設定

　グラフエリアのいろいろな場所をポイントしてみましょう。たとえば、グラフの縦軸目盛をポイントすると、「縦（値）軸」と表示されます。

　この場所を、右クリックしてショートカットメニューより「軸の書式設定」を選択すると、軸の書式設定に関する作業ウィンドウが表示され、目盛線のより詳細な設定をすることができるようになります。

書式設定の作業ウィンドウは、以下の方法でも表示できます。

・［書式］タブの［現在の選択範囲］グループより、希望の項目を選択し、［選択対象の書式設定］をクリック。

・＋［グラフ要素］ボタンをクリックし、各要素から［その他のオプション］をクリック。

作業ウィンドウの［軸のオプション］をクリックして、編集するグラフ要素を変更できます。

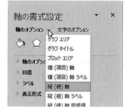

◆練習

・縦軸ラベルの「ポイント」を縦書きに変更します。
・ポイントの最小値を200、最大値を450に設定します。
・グラフエリアの背景にグラデーションで色をつけます。

■ 3.4.3 スパークライン

　セル内に小さなグラフを作成し、データを視覚化することができます。通常のグラフと異なり、わずかなスペースでデータの変化を瞬時に確認できます。

　ここでは、「支店別売上ポイント」のG列に縦棒のスパークラインを作成してみます。

(1)　セルG4:G6を選択し、［挿入］タブの［スパークライン］グループより、📊縦棒［縦棒スパークライン］をクリックします。

(2)　「スパークラインの作成」ダイアログボックスの［データ範囲］に3つの店舗の4ヶ月間のデータC4:F6を指定し、［OK］ボタンをクリックします。

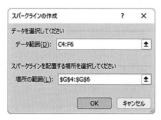

(3)　スパークラインが作成され、［スパークライン］タブが追加されます。

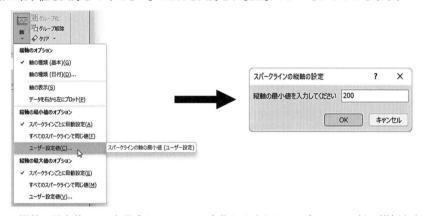

(4)　スパークラインは、データ範囲の最大値をセルの上端、最小値をセルの下端としてグラフ化するので、このままでは各店舗のグラフを比較することができません。そこで、3つのグラフの最大値や最小値を固定値にして統一します。G4:G6が選択された状態で、［スパークライン］タブの［グループ］グループより、［軸］から［縦軸の最小値のオプション］の［ユーザー設定値］を選択します。

(5)　［縦軸の最小値を入力してください］に200を入力し、［OK］ボタンをクリックします。

(6)　同様に、縦軸の最大値に400を設定し、グラフの変化がよくわかるように、4〜6行の縦幅を広げます。

		11月	12月	1月	2月	
4	東京店	300	320	380	370	
5	大阪店	240	250	340	320	
6	福岡店	270	285	330	280	

■ 3.4.4 さまざまなグラフ

　Excelには、さまざまな種類のグラフが用意されています。ここではその中の代表的なものを見てみましょう。

縦棒グラフ

　データの大小を直感的に比較するのに適しており、時系列の変化も表現できます。また、棒グラフを積み上げることで、全体量の変化とその項目内訳を表現することができます。

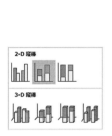
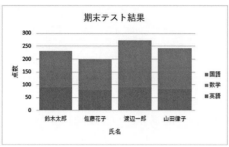

左の例では、棒の幅を広くするため、データ系列の書式設定で［系列のオプション］の［要素の間隔］を小さくしています。

横棒グラフ

　特に、項目間の比較を強調したい場合に効果的です。

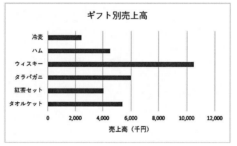

左の例では、「縦軸ラベル」と「凡例」は表示していません。

折れ線グラフ

　時間の経過による変化や傾向を表すのに適しています。

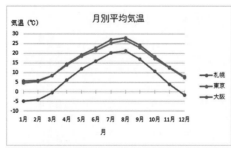

左の例では、横軸の書式設定で［軸のオプション］の［軸位置］を［目盛］、［目盛］の［目盛の種類］を［交差］、［ラベル］の［ラベルの位置］を［下端/左端］とし、縦軸ラベルは横書きにして、縦軸の上側に移動しています。

円グラフ

　構成比(内訳の割合)を示すのに適しています。

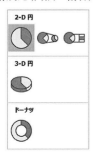

左の例では、扇形を選択し、外側にドラッグすることで、人件費を目立たせています。

散布図

2種類の数値の関係を示します。したがって、横軸も必ず数値データとなります。

関数のグラフを表すのにも適しています。

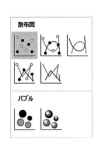

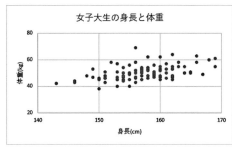

左の例では、軸の書式設定で［軸のオプション］の［境界値］で［最小値］、［最大値］を指定し、［単位］の［主］に値も指定しています。

レーダチャート

各要素間の比較やバランスを直感的に示すのに適しています。

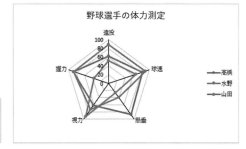

左の例では、軸の書式設定で［線］の［色］で黒色を設定しています。

上記の操作で中心からでる放射状の線が表示されない場合は、一度、他のグラフに変更し、再度レーダチャートを選びます。

演習問題

(1)　各種グラフ

　棒グラフ、折れ線グラフ、円グラフ、レーダチャートのそれぞれについて、そのグラフの特徴をよく示すようなデータを用意し、グラフ化しなさい。

(2)　3Dグラフ

　(1)で作成したグラフで、3Dで表現できるものについては、3D化しなさい。

(3)　複合グラフ

　1月〜12月のある都市の気温と降水量の変化を1枚のグラフに表しなさい。

　　　　　　［挿入］タブの［グラフ］グループより［複合グラフの挿入］−［集合縦棒-第2軸の折れ線］を選択します。

　　　　　　［グラフのデザイン］タブの［グラフの種類の変更］をクリックし、気温に［折れ線］、降水量に［集合縦棒］を選択し、降水量を第2軸（右側の縦軸）としてチェックします。

(4)　絵グラフ

　自分の出身県の人口の推移を絵グラフで表現しなさい。

　　　　　　「絵グラフ」とは、棒グラフの棒が絵で表現されるグラフのことです。

　　　　　　［書式］タブの［現在の選択範囲］グループより希望の系列を選択して［選択対象の書式設定］をクリックすると右側に［データ系列の書式設定］が表示されるので、［塗りつぶし］で［塗りつぶし(図またはテクスチャ)］をチェックし、［画像ソース］で希望の画像を選択します。また、［積み重ね］を選択し、棒の幅を太くします。

(5) 近似曲線

　次の表は、ある物体を自由落下させた実験の時間と距離の測定値である。これより、近似曲線を描きなさい。また、その曲線の式を表示し、重力加速度を求めなさい。

時間（秒）	0	0.143	0.202	0.247	0.286	0.319	0.351	0.379	0.405	0.427
距離（m）	0	0.1	0.2	0.3	0.4	0.5	0.6	0.7	0.8	0.9

　　散布図を描き、［グラフのデザイン］タブの［グラフのレイアウト］グループより、［グラフ要素を追加］から［近似曲線］で［その他の近似曲線オプション］を選択します。右側に［近似曲線の書式設定］が表示されるので、［近似曲線のオプション］で［多項式近似］をチェックし、次数を2に設定します（自由落下は2次関数です）。また、［グラフに数式を表示する］をチェックします。

(6) 関数グラフ

　次の関数をグラフに表しなさい。

　　a） $y = x^3$　　　　b） $y = \dfrac{\sin(x)}{x}$

　　SIN関数はp.107参照。b）ではxを0とする場合、xのセルに0ではなく非常に小さな値、たとえば1E-100等を設定します。

(7) 正規分布

　正規分布の一般的な形は以下の式で表せる。

$$f(x) = \frac{exp\left\{-\dfrac{(x-\mu)^2}{2\sigma^2}\right\}}{\sqrt{2\pi}\sigma}$$

次のように条件を変えた3本のグラフを同時に表示しなさい。

　① $\mu = 0,\ \sigma = 1$　　② $\mu = 2,\ \sigma = 1$　　③ $\mu = 0,\ \sigma = 2$

3.5　データベース

　Excelでは、データを並べ替えたり、条件にあうデータのみを表示したりといった、データベースとしての利用が可能です。

■ 3.5.1　データベースに関する用語

　データベースに関する用語は次のとおりです。

□リスト

　ワークシート上の1つの表データの範囲をリストといいます。

　リストは空白の列や行で、他のデータから独立させておく必要があります。

□レコード

　1件のひとまとまりのデータ（リストの行）をレコードといいます。

□フィールド

　列ごとに入力される同種類のデータ（リストの列）です。

□列見出し（フィールド名）

　各フィールドの一番上に入力される項目名です。

□キー

　並べ替え等をする場合に基準になるデータのことです。

□昇順と降順

　キー項目の値が小さい順にレコードを配置するのを昇順といいます。逆を降順といいます。

3.5.2 処理データ

次の表を作成します。表の作成にあたり、検索や置換の方法もあわせて学習します。

	A	B	C	D	E
1			掃除担当表		
2					
3	番号	氏名	担当曜日	体重kg	身長cm
4	N010	東一郎	Mon	76	170
5	N020	東二郎	Tue	56	168
6	N030	東三郎	Wed	64	156
7	N040	東四郎	Thu	62	152
8	N050	東五郎	Fri	56	163
9	N060	西一郎	Sat	53	171
10	N070	西二郎	Sun	72	168
11	N080	西三郎	Mon	54	164
12	N090	西四郎	Tue	59	158
13	N100	西五郎	Wed	68	161
14	N110	南一郎	Thu	59	162
15	N120	南二郎	Fri	53	165
16	N130	南三郎	Sat	66	172
17	N140	南四郎	Sun	55	164
18	N150	南五郎	Mon	67	165
19	N160	北一郎	Tue	54	174
20	N170	北二郎	Wed	63	168
21	N180	北三郎	Thu	60	163
22	N190	北四郎	Fri	65	159
23	N200	北五郎	Sat	61	166

データの用意

表を見ると、「番号」「氏名」「担当曜日」のフィールドはデータに規則性があることがわかります。そこで、一部空欄の状態で入力し、後でExcelの機能を利用して空欄を埋めることにします。

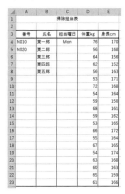

1行目は「セルを結合して中央揃え」

3行目とC列は「中央揃え」

リストには図のように罫線を引く

連続データの入力

「番号」フィールドは、数値が10ずつ増えています。フィルハンドルを下にドラッグすると、データのコピーとなりますが、あらかじめ数値を含む隣あうデータを2つ選択しておき、フィルハンドルをドラッグすると、その数値の差分を追加する形でデータがコピーされていきます。

最後の行までドラッグすれば、N010～N200まで入力できます。しかし、コピー元のセルの下側には罫線がないので、セルA23の下の太罫線も消えてしまいます。そこで、スマートタグを利用し、「書式なしコピー」を選択しておきます。

「氏名」のフィールドは「東一郎」～「東五郎」の5名を範囲選択し、フィルハンドルで下にコピーしておきます。

> すでに左側の番号の列に23行目までデータが入力されているので、フィルハンドルをダブルクリックするだけで、データは23行目まで自動的にコピーされます。

「担当曜日」は数値ではありませんが、Mon,Tue,Wed,…と規則的に変化するデータです。このような場合、Monだけ入力しておき、フィルハンドルでコピーすると、自動的に連続データが入力されます。

> 曜日以外にも、Jan,Feb,Mar,…や睦月,如月,弥生,…などが連続データとして扱われます。どのようなデータが連続データとなっているかは、［ファイル］－［オプション］－［詳細設定］の［全般］－［ユーザー設定リストの編集］により確認することができます。

検索と置換

B9～B13の「東」を「西」に変更します。B9:B13を範囲選択し、［ホーム］タブの［編集］グループより、［検索と選択］で［置換］をクリックします。

文字列を検索する場合は、［検索］タブを利用します。

あらかじめ範囲を選択していないと、すべての範囲が検索や置換の対象範囲となります。

表示された［検索と置換］画面で［検索する文字列］に「東」、［置換後の文字列］に「西」を入力し、［すべて置換］ボタンをクリックします。

・同様に、次の5名を「南」、最後の5名を「北」に置換します。

■ 3.5.3　並べ替え

キーが1つの並べ替え

担当曜日について昇順に並べ替えます。

(1)　アクティブセルをC4にします。(リスト内のC列であればどこでも可)

(2)　［データ］タブの［並べ替えとフィルター］グループより、$\frac{A}{Z}\downarrow$［昇順］ボタンをクリックします。

> ［ホーム］タブの［編集］グループより、［並べ替えとフィルター］で［昇順］をクリックしても同じです。
>
> リストのデータが担当曜日の昇順に並べ替わります。
>
> 降順に並べ替えるには $\frac{Z}{A}\downarrow$［降順］ボタンをクリックします。

キーが2つ以上の並べ替え

担当曜日が同じ場合、体重が重い順にレコードを並べ替えます。並べ替える項目が複数になる場合は、［並べ替え］ダイアログボックスを使用します。

(1)　あらかじめ、リスト内のセルを選択しておきます(リスト内のセルであればどこでも可)。

> 並べ替えのデータがリストとして他のセルから空行、空列で独立していれば上記操作でよいのですが、そうでない場合は、あらかじめ範囲を選択しておきます(たとえば、A3:E23のように範囲指定)。

(2)　［データ］タブの［並べ替えとフィルター］グループより、［並べ替え］ボタンをクリックします。

> ［ホーム］タブの［編集］グループより、［並べ替えとフィルター］で［ユーザー設定の並べ替え］をクリックしても同じです。

(3)　［最優先されるキー］で「担当曜日」、「セルの値」、「昇順」を選択します。

(4)　さらに、担当曜日が同じだった場合に、次の並べ替えのキーを設定するため、［レベルの追加］を
クリックし、［次に優先されるキー］で「体重kg」、「セルの値」、「大きい順」を選択します。

キーが文字の場
合、順序は「昇順」
「降順」ですが、
数値の場合は「小
さい順」「大きい
順」からの選択
となります。

指定したリストの先頭行を並べ替えの対象とするかしないかを、［先頭行をデータの見出しとして使
用する］で指定します。今回のデータは一番上の行は見出しなので、チェックを入れておきます。

(5)　［OK］をクリックします。

担当曜日が　Fri→Mon→Sat→…　の順に並びます。データが数値でなく文字の場合、並べ替えの
順番は文字コードの順になります。ただし、［オプション］で［ふりがなを使う］にチェックが入っ
ていると、漢字のふりがなの順となるので注意しましょう。

◆**練習**

・身長について昇順、同一身長は体重について降順に並べ替えます。

並べ替え実行後、番号で並べ替えて元の順序に戻しておきます。

3.5.4　抽出

フィルター

条件にあうレコードのみを表示する作業を抽出といいます。Excelのフィルター機能を使って、担当
曜日がFriのレコードを抽出してみましょう。

フィルターの設定

(1)　あらかじめ、リスト内のセルを選択しておきます(リスト内のセルであればどこでも可)。

並べ替えと同様、データがリストとして他のセルから空行、空列で独立していれば上記操作でよい
のですが、そうでない場合は、あらかじめ範囲を選択しておきます。(たとえば、A3:E23のように範
囲指定)

(2)　［データ］タブの［並べ替えとフィルター］グループより、［フィルター］ボタンをクリックし
ます。

番号	氏名	担当曜	体重k	身長c
N010	東一郎	Mon	76	170
N020	東一郎	Tue	56	168

範囲A3:E3の各セル(フィールド名)の右
側に▼が付きます。

［ホーム］タブの［編集］グループより、［並べ替えとフィルター］で［フィルター］をクリックし
ても同じです。

(3) セルC3「担当曜日」の ▼ をクリックして「担当曜日」のフィルターの設定欄を表示します。

最初、(すべて選択)にチェックが入っています。これは、データがすべて表示されていることを意味します。

(4) 「Fri」のみチェックを入れます。

最初に(すべて選択)のチェックを外し、その後、「Fri」にチェックを入れます。

(5) [OK] をクリックします。

担当曜日がFriのレコードのみが抽出され、ステータスバーには、抽出されたレコード数が表示されます。

(6) 元へ戻すには、再度、「担当曜日」のボタンをクリックし、(すべて選択)にチェックを入れるか、「"担当曜日"からフィルターをクリア」を選択します。

抽出条件の指定

オートフィルターオプションを利用すると、より複雑な抽出条件を指定することができます。

□氏名が「東」で始まるレコードの抽出

(1) セルB3「氏名」の ▼ をクリックし、[テキストフィルター] – [ユーザー設定フィルター] を選択します。

今回は、[ユーザー設定フィルター] の代わりに、[指定の値で始まる] を選んでも同じです。

(2) [オートフィルターオプション] のダイアログボックスに、次のように入力します。

ワイルドカード
?は任意の1文字
*は任意の文字列
を意味します。

右側はワイルドカードを利用して条件を指定した例です。通常は、左側のように指定するほうがわかりやすいでしょう。ただし、「2文字目に 四 を含む」というような条件では、ワイルドカードを利用し、「?四*」のように設定しないと指定できません。なお、▼ をクリックして表示したメニューの[検索]欄に文字を入力しても、その文字を含むデータを抽出することができます。

◆練習

・名前に「一郎」を含むレコードを抽出します。

□体重が60kg台のレコードの抽出

体重≧60　AND　体重＜70

と考えます。両方の条件を満たす意味で、AND を指定します。

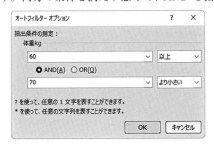

▼をクリックし、[数値フィルター]－[指定の範囲内]で設定すると、下の段の入力欄が「以下」となります。今回は70未満（70は含まない）なので、「より小さい」とする必要があります。

◆練習

・身長が160台のレコードを抽出します。

・担当曜日がSatまたは、Sunのレコードを抽出します。

・体重が60以上で身長が170以上のレコードを抽出します。

　　　　複合条件の場合、各フィールドにフィルターを設定します。

フィルターオプションの使用

フィルターオプションを使用することにより、より複雑な抽出をすることが可能です。

次の例は、

（担当曜日が「Sat」で 体重が60未満）または、（担当曜日が「Mon」で 身長が160台）

のレコードを、26行目以降に抽出するものです。

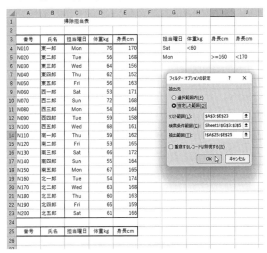

(1)　検索条件を別のセルに記載します。1行目をフィールド名とし、2行目以降に条件を記述します。

　　　検索条件範囲のフィールド名はリストのフィールド名とまったく同じである必要があります。全角・半角が混在していると間違いやすいため。直接入力せずに、リストよりコピーするとよいでしょう。

担当曜日	体重kg	身長cm	身長cm
Sat	<60		
Mon		>=160	<170

左の例では、テキストのみコピーしていますが、罫線等の書式を含んだ状態でコピーしても問題ありません。

検索条件範囲で、同じ行に記載した内容はAND、別の行はORで結合されます。上記の例では、

（担当曜日が「Sat」で 体重<60）または、（担当曜日が「Mon」で 160≦身長<170）

となります。なお、条件にはワイルドカードの指定も可能です。

(2) 別の場所に抽出する場合は、抽出したい場所にリストのフィールド名を記載します。

オートフィルターのように、リスト部に抽出結果を表示する場合は、検索範囲の設定は不要です。
入力間違いを避けるため、検索条件範囲の設定同様、直接入力せずにリストよりコピーします。

番号	氏名	担当曜日	体重kg	身長cm

左の例では、罫線等もコピーしていますが、テキストのみでも抽出できます。

上記の例では、結果が26行目以降に抽出されます。

(3) ［データ］タブの［並べ替えとフィルター］グループより、📊詳細設定 ［詳細設定］ボタンをクリックします。

(4) ［リスト範囲］、［検索条件範囲］、［抽出範囲］の各欄の該当範囲を、マウスで範囲指定します。

マウスで範囲を指定した場合、入力欄の最初に「Sheet1!」が表示される場合があります。これは、Sheet1のワークシート内にあるセルであることを明示しています。この記載がない場合は、現在操作しているワークシートが対象となります。

(5) ［OK］をクリックすると、抽出範囲の下に、抽出結果が表示されます。

番号	氏名	担当曜日	体重kg	身長cm
N060	西一郎	Sat	53	171
N080	西三郎	Mon	54	164
N150	南五郎	Mon	67	165

演習問題

(1) 日本の面積と人口

   a）日本の都道府県の面積人口表（県名，面積，人口，人口密度）を作りなさい。

      人口密度は計算式により求めます。

   b）面積について、昇順に並べなさい。

   c）人口密度について、降順に並べなさい。

   d）人口密度がx以上y以下の県（x, yは任意）を抽出しなさい。

(2) アルバイト一覧

   フィールド名が「会社名」、「職種」、「場所」、「時給」、「勤務開始時間」、「年齢」の表を作成し、次のそれぞれの条件でデータを抽出しなさい。ただし、データは15件以上用意し、結果は30行目以降に抽出のこと。

      条件に該当するようなデータを用意します。

   a）勤務開始時間が　10:00か、13:00

   b）時給が1,000円以上

   c）職種が「販売」

   d）場所が「神奈川県」か「東京都」で、年齢が18歳以上

3.6 関数

これまで、合計や平均を求めるのに、SUMやAVERAGEなどの関数を利用してきました。Excelでは
このほかにも非常に多くの関数が利用できます。どのような関数があるのか調べてみましょう。

数式バーより f_x ［関数の挿入］ボタンをクリックするか、 Σ ▾ ［オートSUM］ボタンのメニュー
より［その他の関数］を選択します。

［関数の分類］で［すべて表示］を選択すると、［関
数名］の欄に、480種類以上の関数がアルファベッ
ト順に表示されます。

各関数は機能ごとに［関数の分類］にあるように、いくつかのジャンルに分類されています。ここで
は、この分類に従い、特によく使用する関数について学習していくことにします。

■ 3.6.1 数学/三角関数

［関数の分類］で［数学/三角］を選択すると、おもに算術計算に使用する関数が表示されます。

数理計算

対数や三角関数等、数理計算に用いる関数については、数学の計算式とほぼ同様に扱えます。

次の例は、式中に三角関数がありますが、単位がラジアンであることに注意しましょう。

$\log_2 16 + \sqrt{\sin 30°}$ →　　　　　=LOG(16,2)+SQRT(SIN(RADIANS(30)))

　　　　　または　=LOG(16,2)+SQRT(SIN(30*PI()/180))

角度の単位はラジアンで与えます。ラジアン関数を用いるか、$\pi/180$をかけます。なお、円周率 π (3.14
…)は関数 PI() を用いて記述できます。30° = RADIANS(30)ラジアン = 30*PI()/180ラジアン　で
す。

□数理計算用関数

絶対値　ABS(2-3) = 1	ルート　SQRT(9) = 3 (=9^(1/2))
円周率　PI() = 3.141592654	階乗　FACT(5) = 120 (=5*4*3*2*1)
度→ラジアン　RADIANS(180)=3.141592654	累乗　POWER(5,2) = 25 (=5^2)
ラジアン→度　DEGREES(PI()) = 180	eのべき乗　EXP(1) = 2.718282
サイン　SIN(PI()) = 0	対数　LOG(8,2) = 3
コサイン　COS(RADIANS(60)) = 0.5	常用対数　LOG10(1000) = 3
タンジェント　TAN(0) = 0	自然対数　LN(2.7182818) = 1

整数化

	A	B	C	D	E
1					
2				税率	10%
3					
4		品名	単価	数量	金額
5		消しゴム	98	5	490
6		鉛筆	56	6	336
7		ボールペン	79	8	632
8					
9		合計			1,458
10		消費税			145
11					
12				税込合計金額	1,603

E2の税率には、そのまま「10％」と入力します。

これは、「0.1」と入力し、表示形式を **%**［パーセントスタイル］にする処理と同じです。

　E10の消費税には、合計×税率 の式が入りますから、= E9 * E2 と入力したいところです。しかし、上記の例では 1458 × 0.1 = 145.8 となり、小数点以下を切り捨てる必要があります。そこで、= INT(E9*E2) として、小数点以下を切り捨てます。

　.00→.0［小数点表示桁下げ］ボタンで小数点以下を表示しないようにすると、146と小数点以下が四捨五入して表示されますが、セルの値は145.8のままとなっています。

□INT

　　INT(数値)

　　数値を超えない最大の整数を返します。

　　使用例

　　　INT(8.9) = 8　　　　　　　INT(-8.9) = -9

端数処理

　INT関数は少数以下の切り捨てのように見えますが、マイナスの例を見ると、切り捨てとはちょっと意味が異なることがわかります。数値の端数処理には、ROUND関数を使用する方がよいでしょう。

　ROUND関数を使用すると、任意の桁で数値を四捨五入したり、切り捨て・切り上げしたりできます。また、TRUNK関数も任意の桁で切捨てすることができます。

　　上の消費税の例では、引数が正数なので、小数点以下切り捨ての処理として、

　　　=ROUNDDOWN(E9*E2,0) や =TRUNK(E9*E2) と記載してもよいです。

□ROUND/TRUNK

　　ROUND(数値, 桁数)／ROUNDDOWN(数値, 桁数)／ROUNDUP(数値, 桁数)/TRUNK(数値[, 桁数])

　　数値 を指定した桁数で　四捨五入／切り捨て／切り上げ／切り捨て　します。

　　　桁数 に正の数を指定すると、数値 は小数点の右側（小数点以下）で処理されます。

　　　桁数 に 0 を指定すると、数値 は最も近い整数で処理されます。

　　　桁数 に負の数を指定すると、数値 は小数点の左側（整数部分）で処理されます。

　　　TRUNK関数はROUNDDOWN関数と同じですが、「桁数」が0の場合、省略することができます。

　　使用例

　　　ROUND(2.15,1) = 2.2　　　　　ROUND(2.149,1) = 2.1

　　　ROUND(-1.475,2) = -1.48　　　ROUND(21.5,-1) = 20

　　　ROUNDDOWN(76.9,0) = 76　　　ROUNDDOWN(-8.9) = -8

　　　ROUNDUP(3.2,0) = 4　　　　　ROUNDUP(3.14159,3) = 3.142

　　　TRUNK(76.87,1) = 76.8　　　　TRUNK(76.87) = 76

合計

次の表は、東京ベーカリーの各支店の商品売上高を表したものです。別表に支店別の売上金額を表示しています。

	A	B	C	D	E	F	G	H
1		東京ベーカリー支店別売上表						
2								
3		支店	商品名	1週	2週	3週	4週	合計
4		新宿	アンパン	10,800	8,820	9,900	9,000	38,520
5		新宿	クリームパン	11,000	8,900	9,900	10,300	40,100
6		新宿	カレーパン	20,300	23,800	28,000	24,500	96,600
7		渋谷	アンパン	9,000	8,820	9,000	9,270	36,090
8		渋谷	クリームパン	8,000	8,900	9,700	9,000	35,600
9		渋谷	カレーパン	33,600	33,250	35,000	30,100	131,950
10		池袋	アンパン	9,900	10,710	10,800	10,890	42,300
11		池袋	クリームパン	35,200	34,560	32,000	31,680	133,440
12		池袋	カレーパン	38,150	39,550	37,800	40,600	156,100
13		上野	アンパン	9,180	8,910	10,620	10,800	39,510
14		上野	クリームパン	7,680	7,600	8,240	8,720	32,240
15		上野	カレーパン	33,950	29,400	33,950	33,600	130,900
16		合計		226,760	223,220	234,910	228,460	913,350
17								
18		支店別売上	支店	1週	2週	3週	4週	合計
19			新宿	42,100	41,520	47,800	43,800	175,220
20			渋谷	50,600	50,970	53,700	48,370	203,640
21			池袋	83,250	84,820	80,600	83,170	331,840
22			上野	50,810	45,910	52,810	53,120	202,650

H列と16行目の合計欄は通常のSUM関数を用いて算出します。

なお、合計を求めるセルを含むD4:H16をあらかじめ範囲指定しておき、Σ［オートSUM］ボタンをクリックすると、各セルに一気にSUM関数を入力できます。

D19:H22には、指定した条件のみを合計する SUMIF関数 を使用します。

SUMIF関数の書式は

SUMIF(範囲, 検索条件, 合計範囲)

です。たとえば、D19では、B4:B15の支店の中から［範囲］、C19(新宿)［検索条件］に一致したデータのみを選択し、そのデータのD4:D15(1週のデータ)に対応する数値［合計範囲］を抽出して、合計します。したがって、D19には

=SUMIF(B4:B15,C19,D4:D15)

を入力しますが、その後のコピーを考えると、

=SUMIF($B$4:$B$15,$C19,D$4:D$15)

と入力するべきでしょう。

SUMIF関数では、検索条件を、数値、式、文字列で指定します。式および文字列を指定する場合は、">32"、"Windows" のように、半角のダブルクォーテーションマーク (") で囲む必要があります。

☐SUM/SUMIF/SUMIFS

SUM(数値1, 数値2, …)

引数リストに含まれる数値(または範囲)の合計を返します。

SUMIF(条件範囲,条件,合計対象範囲)/SUMIFS(合計対象範囲,条件範囲1,条件1,条件範囲2,条件2,…)

指定された検索条件に一致するセルの値を合計します。SUMIFS関数では、複数の条件を指定できます。

条件範囲　　　：評価の対象となるセル範囲を指定します。

条件　　　　　：計算の対象となるセルを定義する検索条件を指定します。

合計対象範囲：合計の対象となるセル範囲を指定します。合計対象範囲に含まれるセルの中で、条件範囲内の検索条件を満たすセルに対応するものだけが合計の対象となります。合計対象範囲を省略すると、条件範囲内で検索条件を満たすセルが合計されます。

乱数

コンピューターに勝手な数を作らせて、グループ分けをしたり席順を決めたりするのに乱数が使用できます。ここでは、電子サイコロを作ってみます。

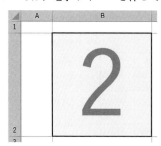

フォントを游ゴシックMedium、150ポイントと大きくし、見やすくします。

列幅と行幅を変更し、ほぼ正方形に整えます。

文字、セルのそれぞれを目立つように着色し、罫線は太線とします。

サイコロのように指定した範囲の整数を乱数で発生させるには、RANDBETWEEN関数を使用すると便利です。

=RANDBETWEEN(1,6)：1以上6以下の整数の乱数になります。

表示された乱数は、他のセルに何か入力するか、[F9] キーや [Delete] キーを押すごとに変化します。

▢RAND/RANDBETWEEN

RAND()/RANDBETWEEN(最小値、最大値)

0 以上で 1 より小さい乱数を発生させます。/最小値〜最大値の範囲で整数の乱数を発生させます。

使用例

0 以上で 100 より小さい乱数を発生させるには、　　　RAND()*100

3桁の整数で乱数を発生させるには、　　　RANDBETWEEN(100,999)

余り

次の表では、B3に入力した金額のお金を支払うのに、最低でいくらのお金をどれくらい用意すればよいかを表示しています。

	A	B	C	D	E	F	G	H	I	J	K
1		金種計算									
2		金額	10,000	5,000	1,000	500	100	50	10	5	1
3		15,342	1	1	0	0	3	0	4	0	2

1万円札の枚数(C3)は、金額(B3)を10,000(C2)で割った整数値 =INT(B3/C2) となります。

5千円札以下の枚数はMOD関数を利用して次のようにして求めます。

まず、金額(B3)から1万円札で支払った残りの金額を求めます。これは、金額を10,000で割った余りになり、上記の例では5,342円となります。式は =MOD(B3,C2) です。5千円札の枚数はこれを5,000(D2)で割った整数値になりますから、式は =INT(MOD(B3,C2)/D2) となります。

千円札も、まず、金額を1万円札と5千円札で支払った残りの金額を求めます。ただし、これは金額をすべて5千円札で支払った残りの金額と考えても同じですから、式は =MOD(B3,D2) です。上記の例では342円となります。あとは、上と同様に考え、式は =INT(MOD(B3,D2)/E2) となります。

以下の式も同様に考えます。

▢MOD

MOD(数値, 除数)

数値を除数で割ったときの剰余を返します。戻り値は除数と同じ符号になります。

除数 に 0 を指定すると、エラー値 #DIV/0! が返されます。

演習問題

(1) 算術計算

以下の式をExcelのワークシート上で計算しなさい。暗算せずに、問題文の式そのままの形を関数を用いて記述し、計算すること。

a) $|2-9| \times 4$

b) $\sqrt{25} + 5\sqrt{4}$

c) $\log_{25}\sqrt{\dfrac{1}{5}}$

d) $\cos 60°$

e) $\sin^2 30° + \tan^2 45° + \cos^2 30°$

(2) 売上一覧

下の「支店別売上」の空欄に適切な式を記入して表を完成させなさい。

	A	B	C	D	E	F	G	H	I
1					支店別売上				
2									
3		支店名	予算	4月	5月	6月	合計	予算達成率	構成比
4		札幌	3,000	500	420	630			
5		東京	7,000	1,600	1,900	2,100			
6		名古屋	2,800	500	450	600			
7		大阪	6,500	1,800	1,300	2,000			
8		合計							
9		平均							

・予算達成率と構成比は%表示で小数点1桁目まで表示します。(2桁目以下を四捨五入)

・平均の欄は小数点以下を切り捨てて表示します。

・予算達成率と構成比の平均欄は空欄です。

(3) 金種計算

本文のMOD関数を用いる金種計算の例に、2,000円札を加えた場合の表を作成しなさい。

(4) ボーリング成績表

下の表は社内から各年代別に3人ずつ参加してもらい、これを5つのチームに分けてボーリング大会を行った結果である。チーム別合計欄と、年代別合計欄に、適切な関数を入力して表を完成させなさい。

	A	B	C	D	E	F	G	H
1		社内ボーリング大会成績表						
2								
3		社員番号	チーム	年齢	スコア		チーム別合計	
4		AB9601	A	43	131		A	
5		AB9602	B	22	179		B	
6		AB9603	C	28	132		C	
7		AB9604	D	40	186		D	
8		AB9605	E	62	120		E	
9		AB9606	A	55	105			
10		AB9607	B	56	157		年代別合計	
11		AB9608	C	46	175		20代	
12		AB9609	D	30	188		30代	
13		AB9610	E	29	191		40代	
14		AB9611	A	39	132		50代	
15		AB9612	B	65	134		60代	
16		AB9613	C	60	113			
17		AB9614	D	38	150			
18		AB9615	E	58	87			

■ 3.6.2 統計関数

［関数の分類］で［統計］を選択すると、おもに統計処理に使用する関数が表示されます。

最大・最小から正規分布等まで、かなり多岐にわたって統計解析ができますが、ここでは、平均や最大、最小などの日頃よく使用する関数を学習しましょう。

平均、最大、最小、カウント、順位

次の表は選択科目の試験結果をまとめたものです。

	A	B	C	D	E	F	G
1	選択科目試験結果						
2		履修番号	倫理学	経済学	法学	合計	順位
3		XP0010	75	欠席	71	146	3
4		XP0020	56		76	132	6
5		XP0030		77	81	158	2
6		XP0040	86	84		170	1
7		XP0050		62	73	135	5
8		XP0060	欠席	欠席	74	74	9
9		XP0070	80		57	137	4
10		XP0080		49	79	128	7
11		XP0090	0	41		41	10
12		XP0100	61	56	欠席	117	8
13		受講人数	7	8	8		
14		受験人数	6	6	7		
15		平均	59.7	61.5	73.0	123.8	
16		最大	86	84	81	170	
17		最小	0	41	57	41	
18							
19		得点別人数分布					
20		0≦x＜60	2	3	1		
21		60≦x＜70	1	1	0		
22		70≦x＜80	1	1	5		
23		80≦x≦100	2	1	1		

科目をはじめから受講していない人は空欄に、受講しているのに欠席した人は「欠席」になっています。

　受講人数：データの入力してあるセルの個数

　受験人数：数値データのみのセルの個数

であることに注意してください。

最後に点数ごとの人数を集計しています。

合計は「数学/三角関数」でも解説したように、C3:F12を範囲指定しておき、$\Sigma\!\!\blacktriangledown$［オートSUM］ボタンで一気に求めます。

平均、最大、最小は、$\Sigma\!\!\blacktriangledown$［オートSUM］ボタンを使用して入力します。

　　C15には =AVERAGE(C3:C12) を入力します。表示は小数点以下1桁までとします。

　　C16には =MAX(C3:C12) を入力します。

　　C17には =MIN(C3:C12) を入力します。

受講人数は、入力データすべて(数値と文字)の個数をカウントする、COUNTA関数を使用します。

　　C13には =COUNTA(C3:C12) が入ります。

受験人数では、「欠席」と表示されたデータはカウントしたくありません。数値データのみの個数をカウントする、COUNT関数を使用します。なお、COUNT関数は $\Sigma\!\!\blacktriangledown$ ボタンが使用できます。

　　C14には =COUNT(C3:C12) が入ります。

得点別人数分布には、ある条件に一致したデータをカウントするCOUNTIF関数を用います。条件が複数ある場合は、COUNTIFS関数を使用します。

　　C20には、C3:C12の範囲で60未満のデータをカウントして表示させますから、

　　　=COUNTIF(C3:C12,"<60") と入力します。

　　C21には 60以上 そして 70未満 の条件を指定します。条件が2つなのでCOUNTIFS関数を使用します。

　　　=COUNTIFS(C3:C12,">=60",C3:C12,"<70") と入力します。C22, C23も同様に考えます。

　順位は3科目の合計値の大きい順に数値を振ります。順位の表示にはRANK.EQ関数を使用します。セルG3を例に考えてみましょう。

　　　　　　順位を決めるには、

　　　　　　　どのデータが？　　　　F3です

　　　　　　　どの範囲内で？　　　　F3:F12です

　　　　　　　降順？昇順？　　　　　降順(大きい順)に順位付けをするので 0 です。

　　　　　G3に =RANK.EQ(F3,$F$3:$F$12,0) を入力します。第2引数は、コピーを考えて絶対番地にします。

□AVERAGE/AVERAGEIF/AVERAGEIFS

　　　　　AVERAGE(数値1, 数値2, …)

　　　　　引数リストに含まれる数値(または範囲)の平均値を返します。

　　　　　AVERAGEIF(条件範囲,条件,平均対象範囲)/AVERAGEIFS(平均対象範囲,条件範囲1,条件1,条件範囲2,条件2,…)

　　　　　指定された検索条件に一致するセルの平均値を返します。

　　　　　AVERAGEIFS関数では、複数の条件を指定できます。使用方法は、SUMIFS関数を参照

□MAX/MIN

　　　　　MAX(数値1, 数値2, …)／MIN(数値1, 数値2, …)

　　　　　引数リストに含まれる最大／最小の数値を返します。

□COUNT/COUNTA/COUNTIF/COUNTIFS

　　　　　COUNT(値1, 値2, …)／COUNTA(値1, 値2, …)

　　　　　COUNT　引数リストに含まれる数値の個数を返します。

　　　　　COUNTA　引数リストに含まれる空白でないセルの個数を返します。

　　　　　COUNTIF(条件範囲, 条件)／COUNTIFS(条件範囲1, 条件1, 条件範囲2, 条件2,…)

　　　　　指定された条件範囲に含まれる空白でないセルのうち、条件に一致するセルの個数を返します。

　　　　　COUNTIFS関数では、複数の条件を指定できます。使用方法は、SUMIFS関数を参照

□RANK.EQ

　　　　RANK.EQ(数値, 範囲, 順序)

　　　　順序 にしたがって 範囲内の数値を並べ替えたとき、数値が何番目に位置するかを返します。

　　　　　数値：範囲 内での順位（位置）を調べたい数値を指定します。

　　　　　範囲：数値 を含むセル範囲を指定します。

　　　　　順序：0 を指定するか省略すると降順に、0 以外の値(通常は1)を指定すると昇順となります。

Excel2007以前のバージョンでは順位を求めるのにRANK関数が用意されていました。Excel2007より後のバージョンでは、RANK.AVG関数が新たに設定されたのにともない、RANK関数がRANK.EQ関数となりましたが、従来のRANK関数も使用できます。RANK.AVG関数については、ヘルプで調べてみましょう。

演習問題

(1) 100M走

　次の入力データより、100M走記録一覧を処理条件に従って完成しなさい。

入力データ（単位：秒）

氏　名	1回目	2回目	3回目
田村　真一	14.6	14.2	13.8
大木　剛	15.1	14.9	14.3
原　健二郎	13.8	13.2	14.1
久保　哲也	14.6	13.7	14.0
大杉　太郎	12.5	12.8	13.1
高橋　英二	13.4	14.0	13.6
鈴木　正勝	12.7	13.1	12.4
松本　和彦	12.2	12.6	12.3
藤田　豊	13.6	14.0	13.7
長谷川　浩	14.1	14.4	13.8

処理条件

1. 100M走記録一覧表の空欄を求めなさい。（－－－－－）の部分は空欄とする。
2. 自己最高は3回の記録の中で最もよい記録とする。
3. 平均は小数第1位未満四捨五入。
4. 自己最高の速い順に順位を付ける。

出力形式

１００Ｍ走記録一覧表

氏名	1回目	2回目	3回目	自己最高	順位

（途　中　省　略）

平　　均					－－－－－

(2) 人数カウント

次の表はある模試の受験データである。人数の欄に関数を使用して値を表示しなさい。

整理番号	性別	出身
H8E0001	男	愛知
H8E0002	女	神奈川
H8E0003	女	静岡
H8E0004	男	山形
H8E0005	女	東京
H8E0006	男	山形
H8E0007	男	宮城
H8E0008	男	東京
H8E0009	男	茨城
H8E0010	男	長野
H8E0011	女	東京
H8E0012	女	茨城
H8E0013	女	東京
H8E0014	女	東京
H8E0015	男	山形
H8E0016	男	宮城
H8E0017	女	神奈川
H8E0018	男	山梨
H8E0019	男	静岡
H8E0020	女	静岡

性別	人数
男	
女	
合計	

出身	
東京	
神奈川	
静岡	
長野	
その他	
合計	

(3) 出席表

次の表はラジオ体操の出席表である。出席した場合は○、遅刻した場合は△で表示してある。次のそれぞれの欄に関数を使用して適切な表示をさせなさい。

出席回数：1回～5回の○の数です。

遅刻回数：1回～5回の△の数です。

出席者数：○と△の数です。

遅刻者数：△の数です。

欠席者数：空欄の数です。

ラジオ体操出席表　出席:○　遅刻:△

No	1回	2回	3回	4回	5回	出席回数	遅刻回数
F0001	○	△	○	○	○		
F0002	○	○	○	○			
F0003	○	○	○	○	○		
F0004	○	○		○	○		
F0005	○	○	○	○	○		
F0006	○	○	○	○	○		
F0007	○		○	△	○		
F0008	○	○	○	○	○		
F0009	○	○	○	○	○		
F0010	○	△	○	○			
F0011	○	○	○	○	○		
F0012	○	○		○	○		
F0013	○	○	○	○	○		
F0014	△	△	△	○	○		
F0015	○	○	○	○	○		
F0016		○	○	○	○		
F0017	○	○	○	○			
F0018	○	○	○	○	○		
F0019	○	○	△	○	○		
F0020	○	○	○	○	○		
出席者数						―――	―――
遅刻者数						―――	―――
欠席者数						―――	―――

3.6.3 論理関数

ここでは、条件付き書式と論理関数を学習します。次の例で各関数の働きを見てみましょう。

	A B	C	D	E	F	G	H	I	J	K
1	論理関数の練習									
2	社員No	身長	出身地	血液型	性別	TOEIC	身長が170以上	出身地が南関東	A型の女性	TOEIC判定
3	0001	172	東京	AB	女	● 890	○	南関東		A
4	0002	153	埼玉	B	男	✖ 450				D
5	0003	163	栃木	A	女	▲ 520			○	C
6	0004	168	千葉	A	男	▲ 630		南関東		C
7	0005	149	群馬	B	女	✖ 430				D
8	0006	179	神奈川	O	男	▲ 740	○	南関東		B
9	0007	169	東京	O	男	● 860		南関東	○	A
10	0008	154	神奈川	AB	女	✖ 360		南関東		D
11	0009	183	山梨	B	男	▲ 730	○			B
12	0010	164	茨城	O	女	▲ 580				C

H2〜K2の項目名は、1行目の最後で［Alt］キーを押しながら［Enter］キーを押すことで、セル内で改行しています。

条件付き書式

・C列では身長の値に応じてデータバーが表示されています。
・F列では性別が「女」の場合は赤、「男」の場合は青に書式が設定されています。
・G列では点数が860以上は ●、470以上は ▲、それ以外は ✖ が表示されています。

このように、「条件付き書式」を設定すると、ある条件を満たした場合に書式を自動的に変更することができます。

□データバー

(1)　C列（C3:C12）を範囲指定し、［ホーム］タブの［スタイル］グループより、［条件付き書式］－［データバー］－［青のデータバー］を選択します。

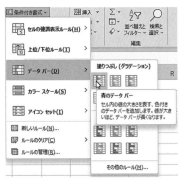

範囲指定時に表示される ［クイック分析］ボタンより、［書式設定］－［データバー］を選択した場合は、［塗りつぶし（単色）］が設定されるので、この後、［ルールの編集］で「塗りつぶし（グラデーション）」に変更します。

(2)　バーの目盛は、左端が0に、右端が183（10人中の最大値）に設定されています。［ホーム］タブの［スタイル］グループより、［条件付き書式］－［ルールの管理］－［ルールの編集］を選択し、「書式ルールの編集」ダイアログボックスで最小値と最大値を変更します。

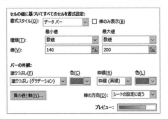

バーの左端、右端の値は、［種類］で任意に設定できます。例では、最小値140、最大値200としています。
バーの色は、［バーの外観］で設定します。
［棒のみ表示］にチェックを入れると、セル内にバーだけを表示し、数値を非表示にすることができます。

□**セルの強調表示**

(1) F列（F3:F12）を範囲指定し、［ホーム］タブの［スタイル］グループより、［条件付き書式］－［セルの強調表示ルール］－［文字列］を選択します。

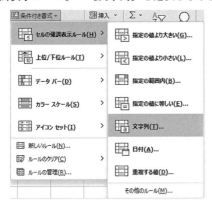

範囲指定時に表示される［クイック分析］ボタンより、［書式設定］－［テキストの（内容）］を選択しも設定できます。

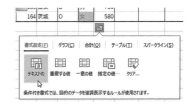

(2) 入力欄が「女」、書式設定が赤色になっているのを確認し、［OK］ボタンをクリックします。

最初、文字列欄には指定範囲の左上の値が入り、書式は赤色で設定されるので、必要に応じて変更しますが、今回はこのままでOKです。

(3) 男の場合に青になるように条件を追加します。［ホーム］タブの［スタイル］グループより、［条件付き書式］－［ルールの管理］－［新規ルール］を選択し、「新しい書式ルール」ダイアログボックスを表示します。

［書式］をクリックし、フォントの色を青、塗りつぶしの背景色を薄い水色に設定します。

(4) ［ホーム］タブの［スタイル］グループより、［条件付き書式］－［ルールの管理］で設定した条件付き書式を確認してみましょう。

さらに条件を追加したり、変更、削除したりといった操作もこのダイアログボックスから実行できます。

上記の書式ルールでは、「特定の文字列」「次の値を含む」「男」としているので、データが「男」でなく、「男性」と入力してあっても青くなります。「男」に限定したいときは、「セルの値」「次に値に等しい」「男」とします。

□アイコンセット

⑴　G列（G3:G12）を範囲指定し、［ホーム］タブの［スタイル］グループより、［条件付き書式］－［ア
　イコンセット］－［3つの図形］を選択します。

範囲指定時に表示される
［クイック分析］ボタンより、
［書式設定］－［アイコン］を
選択した場合は、「3つの矢印」
が設定されるので、この後、
［ルールの編集］で「3つの図形」
に変更します。

⑵　［ホーム］タブの［スタイル］グループより、［条件付き書式］－［ルール管理］－［ルールの編集］
　を選択します。初期状態では数値範囲の1/3ごとに3つの領域にアイコンが振られていることがわかり
　ます。

⑶　860以上は ●、470以上は ▲、それ以外は ✖ とするために、以下のように再設定します。

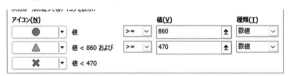

1つのセルの値でその行全体の書式を設定

　これまでの例は、いずれも値と書式設定するセルが同一ですが、数式を使用すると、一つのセルの値
でその行全体の書式を設定できます。以下の例は身長が170以上の人の行をすべて緑にするものです。

効果がよくわかるように、これまでの条件付き書
式は一旦クリアしてあります。

社員No	身長	出身地	血液型	性別	TOEIC	身長が170以上	出身地が南関東	A型の女性	TOEIC判定
0001	172	東京	AB	女	890				
0002	153	埼玉	B	男	450				
0003	163	栃木	A	女	520				
0004	168	千葉	A	男	630				
0005	149	群馬	B	女	430				
0006	179	神奈川	O	男	740				
0007	169	東京	A	女	860				
0008	154	神奈川	AB	女	360				
0009	183	山梨	B	男	730				
0010	164	茨城	O	女	580				

　設定する範囲B3:K12をあらかじめ範囲指定してから、［条件付き書式］
－［新しいルール］を選択し、「新しい書式ルール」の設定画面で「数式
を使用して、書式設定するセルを決定」を選択、式の入力欄に

　　＝$C3>=170

と入力し、書式を緑に設定します。

　　　　最初の ＝ はそれが式であることを示すため、必ず記載します。そ
　　　　の後は比較演算子（IF関数参照）を使って大小を比較した記述となり
　　　　ます。Cの手前に$を付けるのは、すべてのセルでC列（身長）を参照
　　　　するようにするためです。Cの後の数値は範囲の一番上の行番号とします。

条件分岐

コンピューターはある条件に対し、

・条件が成立している状態をTRUE（しばしば数値の1で表される）

・不成立の状態をFALSE（しばしば数値の0で表される）

として処理を進めます。

条件が複数ある場合、AND関数 や OR関数 を使用して全体として1つの状態（TRUE or FALSE）にまとめます。また NOT関数 を使用して状態を反転させることもできます。

このようにしてできあがった条件に一致するか否かを判断し、処理を分岐させるのが IF関数 です。

H列は身長が170以上の欄に「○」を表示します。

IF関数の書式は

IF(条件 , 処理1 , 処理2)

です。条件がTRUEのとき処理1を、FALSEのとき処理2を返します。

セルH3は、「身長(C3)の値が170以上なら」の条件となりますから、次のように記述できます。

条件：C3>=170

この条件を元に、IF関数により、次の処理に分岐します。

処理1：条件が成立（TRUE）　→　"○" を表示

処理2：条件が不成立（FALSE）　→　"" を表示（何も表示しない）

したがって、H3には以下を入力します。

=IF(C3>=170,"○","")

IF関数の処理は、流れ図では次のように表されます。

I列は出身地が "東京","神奈川","千葉" の人のみ、"南関東" と表示します。

IF関数の条件は　出身地が "東京" または 出身地が "神奈川" または 出身地が "千葉" です。

セルI3では、OR関数を使用して、次のように記述できます。

条件：OR(D3="東京",D3="神奈川",D3="千葉")

また、分岐処理はそれぞれ、

処理1：条件が成立（TRUE）　→　"南関東" を表示

処理2：条件が不成立（FALSE）　→　"" を表示（何も表示しない）

したがって、I3には以下を入力します。

=IF(OR(D3="東京",D3="神奈川",D3="千葉"),"南関東","")

J列は血液型がA型で性別が女性の場合に「○」を表示します。

条件は　血液型が "A" かつ 性別が "女" です。

セルJ3では、AND関数を使用して、次のように記述できます。

条件：AND(E3="A",F3="女")

また、分岐処理はそれぞれ、

処理1：条件が成立（TRUE）　→　"○" を表示

処理2：条件が不成立（FALSE）　→　"" を表示（何も表示しない）

です。よって、セルJ3には以下を入力します。

=IF(AND(E3="A",F3="女"),"○","")

K列にはTOEICの点数が

860以上で " A",　730以上で " B",　470以上で " C",　それ以外(470未満)で " D"

を表示します。

この処理は次のような流れ図で表せます。

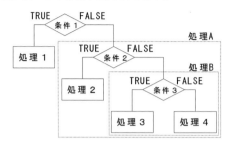

条件1：G3>=860　　　条件2：G3>=730　　　条件3：G3>=470

処理1："A" を表示　　処理2："B" を表示　　処理3："C" を表示　　処理4："D" を表示

となりますが、条件1のFALSEの処理を「処理A」ということにすると、全体は

処理：IF(条件1，処理1，処理A)

で表せます。同様に、処理Aは

処理A：IF(条件2，処理2，処理B)

さらに、処理Bは

処理B：IF(条件3，処理3，処理4)

となります。すべてを一つの式にまとめると、

IF(条件1, 処理1, IF(条件2, 処理2, IF(条件3, 処理3, 処理4)))

よって、セルK3には以下を入力します。文字の前に適当な空白を入れているのは、表示したとき、各ランクを見やすくするためです。

=IF(G3>=860,"A",IF(G3>=730," B",IF(G3>=470," C","　D")))

なお、Excel2019で導入されたIFS関数を使用して、次のように記述することも可能です。

=IFS(G7>=860,"A",G7>=730," B",G7>=470," C",TRUE,"　D")

□IF/IFS

IF(論理式, 真の場合, 偽の場合)/IFS(論理式1, 真の場合1, 論理式2, 真の場合2,…)

IF関数は、論理式が TRUE (真) のとき 真の場合 を返し、FALSE (偽) のとき 偽の場合 を返します。

IFS関数は 論理式1が TRUE のとき 真の場合1 を返し、FALSE であれば、論理式2を調べます。以後、論理式2がTRUE のとき 真の場合2 を返し…というように、複数の条件を順に調べた結果に応じて異なる値を返します。論理式にTRUEを記載すると、どの条件にも満たさない場合を指定できます。

論理式：判断の結果が TRUE (真) または FALSE (偽) となる値または式を指定します。

論理式は比較演算子(等号や不等号記号)を使って次のように記述します。

>	A1>30	A1が30より大きい
>=	A1>=30	A1が30以上
<	A1<30	A1が30より小さい (未満)
<=	A1<=30	A1が30以下
=	A1=30	A1が30と等しい
<>	A1<>30	A1が30と等しくない

真の場合：論理式 がTRUE (真) のとき、IF 関数が返す値を指定します。

偽の場合：論理式 がFALSE (偽) のとき、IF 関数が返す値を指定します。

演習問題

(1) 仕入表

　下記のデータを基に、「仕入予定数一覧表」と「平均と最大」を作成しなさい。ただし、表題は表の中央、見出しは中央揃え、文字は左揃え、数字は右揃えとし、数値は、3桁ごとにコンマを付しなさい。また、罫線は外枠が太線とします。

コード	商品名	仕入数	売上数	売上額
1110	セロテープ	357	317	126,458
1120	付箋紙	515	493	193,823
1130	強力マグネット	494	470	145,567
1140	スリムボールペン	562	523	111,523
1150	ペンケース	300	279	126,489
1160	消しゴムセット	333	295	132,954
1170	バインダー	488	466	337,523
1180	カードケース	308	269	256,754
1190	針なしステープラー	523	487	475,893

仕入予定数一覧表

コード	商品名	仕入数	売上数	売上額	平均売価	在庫数	仕入予定数	判定
				(途中省略)				
－ － －	合計				－ － －			

　平均売価＝売上額÷売上数（整数未満切り捨て）

　在庫数＝仕入数−売上数

　仕入予定数＝売上数＋35−在庫数

　判定　在庫数が50以上は「C」、40以上50未満は「B」、40未満は「A」を表示

　最下行に9品目の合計を表示（平均売価は除く）

　仕入予定数の多い順に並べ替え

平均と最大

	売上額	在庫数	仕入予定数
平均			
最大			

　平均は整数未満四捨五入の表示

(2) 標準体重

　次の表は身長と体重をもとに各種データを表示させるものです。それぞれの表示方法は

　標準体重：(身長−100)×0.9の計算式を使用します。

　割合　　：(体重−標準体重)／標準体重を＋−を含めて小数点1桁目まで％で表示します。

　太り判定：割合が−10％よりも小さければ "やせすぎ" を表示

　　　　　　割合が−10％以上10％以下ならば "標準" を表示

　　　　　　割合が10％よりも大きければ "太りすぎ" を表示

です。適当な関数を入力して表を完成させなさい。

社員番号	身長(cm)	体重(kg)	標準体重	割合	太り判定
KSG001	165.3	55.6			
KSG002	164.5	58.9			
KSG003	158.4	50.3			
KSG004	157.3	58.6			
KSG005	170.2	55.4			
KSG006	153.9	45.6			
KSG007	156.4	44.4			
KSG008	162.3	48.7			
KSG009	163.8	59.1			
KSG010	167.2	62.7			
KSG011	159.2	53.4			
KSG012	152.4	52.3			
KSG013	160.5	54.3			
KSG014	161.2	60.3			
KSG015	158.1	55.7			

(3)　小遣い帳

次の表は小遣い帳(現金出納帳)である。現金残高の列にはすべて式が入力してあるが、データを入力して初めて金額が表示されるように、式を入力しなさい。

小　遣　い　帳

月日	概　要	入金	出金	現金残高
11月1日	先月繰越金	33,627		33,627
11月3日	消しゴム		103	33,524
11月3日	雑誌		580	32,944
11月5日	アルバイト代	25,000		57,944
11月6日	化粧品		1,500	56,444
11月7日	昼食代		430	56,014

■ 3.6.4 日付/時刻関数

［関数の分類］で［日付/時刻］を選択すると、日付や時刻を取り扱う関数が表示されます。

ここでは、関数の使い方とともに、Excelでの時間の考え方を理解します。

シリアル値

Excelでは、日付や時刻は数値として扱われます。この数値をシリアル値といいます。

・日付：西暦1900年1月1日からの経過日数を整数で表します。

1900年は閏年ではないのですが、Excelでは閏年として扱います。よって、日付のシリアル値は1900年1月1日からのカウント +1となりますが、通常はこれを意識しなくてよいでしょう。

・時刻：1日を0.0から0.99…の小数で表します。0.0は0時0分0秒を意味し、0.99…は次の日の午前0時の直前、また、0.5は正午に相当します。

日付や時刻の表示方法は、セルに設定される表示形式によって異なります。日付や時刻として正しい形式のデータが入力されると、「標準」に設定されていた表示形式が「日付」や「時刻」に変わります。

日付の確認

A1に "1900年12月31日" と入力します。文字であれば左揃えで表示されるはずですが、Excelはこのデータを366の数値と考えるので、右揃えで表示されます。

［ホーム］タブの［数値］グループより、［数値の書式］の ▾ をクリックして「標準」を選択すると、表示が366に変化します。

A2に "367" を入力します。これを日付と考えると1901年1月1日のはずです。

［ホーム］タブの［数値］グループ右下の ▣ をクリックして、［セルの書式設定］ダイアログボックスを開き、［分類］から「日付」、［カレンダーの種類］から「グレゴリオ暦」、［種類］から「2012年3月14日」を選択すると、表示が 1901年1月1日 に変化します。

［セルの書式設定］ダイアログボックスは、以下の方法でも表示できます。

・セルを右クリックして表示されたショートカットメニューより［セルの書式設定］を選択。
・［ホーム］タブの［数値］グループより、［数値の書式］の ▾ をクリックして［その他の表示形式］を選択。

◆練習

・A3に自分の生年月日を入力し、シリアル値を表示してみましょう。
・自分が生まれてから現在まで、何日経過しているか表示してみましょう。
・生まれて10,000日目の記念日を表示してみましょう。

時刻の確認

B1に "6:00" と入力します。文字であれば左揃えで表示されるはずですが、Excelはこのデータを0.25の数値と考えるので、右揃えで表示されます。

6:00は1日の1/4経過したところです。

［セルの書式設定］で［分類］から「標準」を選択すると、表示が0.25に変化します。

B2に "0.75" を入力します。これを時刻と考えると 18時00分 のはずです。

［セルの書式設定］で［分類］から「時刻」を選択し、［種類］から「13時30分」を選択すると、表示が 18時00分 に変化します。

◆練習

・B3に現在の時刻(秒まで)を入力し、シリアル値を表示してみましょう。

日付を表す整数と、時刻を表す小数の和は、ある指定日時を表現するシリアル値になります。

関数の使用

右の表はある会社の社員データです。

今日の日付(B2)

現在の日時(コンピューター内部の時計が刻んでいる日時)を取得するにはNOW関数を使用します。

B2に =NOW() を入力します。

2022/9/16 18:14 のように表示されるので、セルの書式設定で表示形式の分類を「日付」、カレンダーの種類を「和暦」にして、種類を「H24.3.14」とします。

	A	B	C	D	E
1		今日の日付	曜日		
2		R4.9.16	金		
3					
4	社員番号	生年月日	年齢	入社日	在籍日数
5	SH501	S53.2.8	44	H18.3.28	6,016
6	SH502	H3.1.7	31	H28.3.28	2,363
7	SH503	H6.6.25	28	R2.2.29	930
8	SH504	S44.10.29	52	H3.4.2	11,490
9	SH505	H13.7.13	21	R4.8.1	46

曜日(C2)

WEEKDAY関数を使用すると、シリアル値から曜日を数値で求めることができます。この場合、1が日曜、2が月曜、…、7が土曜を意味します。しかし、曜日をそのまま数値で表示してもわからないので、数値から曜日を表示させます。いくつか方法がありますが、ここでは、CHOOSE関数を用いています。CHOOSE関数は、第1引数の数値で、第2引数以降の何番目の値を選択するか指定するものです。

C2に =CHOOSE(WEEKDAY(B2),"日","月","火","水","木","金","土") を入力します。

生年月日、入社日の入力(B列、D列)

最初のアルファベットは

M：明治　　T：大正　　S：昭和　　H：平成　　R：令和

に対応します。そのまま入力すれば、自動的にシリアル値に変換されます。

年齢の入力(C5:C9)

(現在の日付:B2)と(生年月日:B5)の差をシリアル値で表したものが経過日数を表しますが、途中に閏年を含んだりするので、この引き算の値から経過年を割り出すのは適当ではありません。2つの日付の期間を知るには、DATEDIF関数を使用します。

セルC5に =DATEDIF(B5,$B$2,"Y") を入力します。

在籍日数の入力(E5:E9)

シリアル値の差になるので、セルE5に=$B$2-D5と入力し、表示形式を標準にします。

年齢の項目と同様に考え、日数を表示するため、DATEDIF関数の第3引数に "D" を指定して求めることもできます。この場合は，セルE5に =DATEDIF(D5,$B$2,"D") を入力します。

□NOW

NOW()

現在の日付と時刻に対応するシリアル値を返します。

NOW 関数の結果は、ワークシートが再計算されたときや [F9] キーが押されたときに更新されます。時間の経過と共に自動的に結果が更新されることはありません。

□WEEKDAY

WEEKDAY(シリアル値)

日付を表すシリアル値から、その日付に対応する曜日を返します。既定では、戻り値は 1 (日曜)から 7 (土曜)までの範囲の整数となります。

□**DATEDIF**（大変便利な関数ですが、関数ダイアログボックスの関数一覧やヘルプには表示されません）

DATEDIF（開始日, 終了日, 単位）

2つの日付の間の日数、月数、または年数を返します。

開始日：期間の開始日を指定します。

終了日：期間の終了日を指定します。

単位　：戻り値の単位と種類を、単位を表す文字列で指定します。

"Y"：期間内の満年数　　　　"M"：期間内の満月数　　　　"D"：期間内の満日数

□**YEAR/MONTH/DAY/HOUR/MINUTE/SECOND**

シリアル値を引数とし、そのシリアル値より、年／月／日／時／分／秒を返します。

□**DATE/DATEVALUE**

DATE（年,月,日）／DATEVALUE（日付文字列）

日付を引数とし、シリアル値を返します。

使用例

DATE（1900,12,31）= DATEVALUE（"1900/12/31"）= 366

演習問題

(1)　ヨハネの黙示録

　2004年6月に発見された小惑星「アポフィス」が2029年4月13日に地球に衝突し、この日に世界の終わりが訪れるとの一説がある。本日からあと何日後になるか求めなさい。

A1に"惑星衝突の日"　　　B1に衝突の日付を入力

A2に"残された日数"　　　B2に関数により日数を表示

(2)　生年月日データ

　自分の生年月日について、生年月日のシリアル値、生年月日の曜日、生まれてから現在までの日数を求めなさい。

A4に"生年月日"　　　　　B4に生年月日を入力

A5に"シリアル値"　　　　B5にセルB4の日付のシリアル値を表示

A6に"生まれた曜日"　　　B6にセルB4の日付の曜日を漢字で表示

A7に"現在までの日数"　　B7に関数により日数を表示

(3)　和暦変換

2019年4月30日と同年5月1日の日付を、和暦で表示しなさい。

A9に 2019/4/30 を入力　　　B9にセルA9のデータを用いて和暦表示

A10に 2019/5/1 を入力　　　　B10にセルA10のデータを用いて和暦表示

■ 3.6.5 文字列操作関数

［関数の分類］で［文字列操作］を選択すると、文字列を処理する関数が表示されます。

ここでは、関数の使い方とともに、Excelでの文字列の考え方を理解します。

文字列

文字列操作とは、文字列から一部分を抜き出したり、複数の文字列を結合したりする操作をいいます。

文字列を式中で使用する場合、ダブルクォーテーションマーク(")で囲みます。

□**文字列の結合**

文字列の結合には & を使用します

A1に「神奈川」、A2に「県」を入力します。

C列に「神奈川県」と表示させてみましょう。次のいずれの方法でも可能です。

　　　方法1　C1：="神奈川"&"県"

　　　方法2　C2：=A1&"県"

　　　方法3　C3：=A1&A2

関数の使用

次の例で文字列関数の働きを見てみましょう。

	A	B	C	D	E
1	東京の博物館				
2		施設名	住所	住所1	住所2
3		放送博物館	東京都港区愛宕2-1-1	港区	愛宕2-1-1
4		小石川植物園	東京都文京区白山3-7-1	文京区	白山3-7-1
5		国立科学博物館	東京都台東区上野公園7-20	台東区	上野公園7-20
6		葛西臨海水族園	東京都江戸川区臨海町6-2-3	江戸川区	臨海町6-2-3
7		江戸東京博物館	東京都墨田区横綱1-4-1	墨田区	横綱1-4-1
8		地震の科学館	東京都北区西ヶ原2-1-6	北区	西ヶ原2-1-6

「住所1」は「住所」から区名のみを抜き出して表示しています。

「住所2」は「住所」の「～区」の次からのデータを表示しています。

このような文字列操作は次のように考えます。

区名の抽出（D列）

　　　　文字列の任意の位置から文字列を抽出するには、MID関数を使用します。

　　　　　　MID（文字列,開始位置,文字数）

　　　　セルD3では、

　　　　　　文字列　　　："東京都港区愛宕2-1-1"　（C3 です）

　　　　　　開始位置　　：4　（住所には "東京都" の3文字が手前につくので、区名は4文字目からです）

　　　　　　文字数　　　：2　（C3の区名は"港区" なので、2文字）

　　　　となりますから、=MID(C3,4,2) を入力します。ただし、これでは、D3の式を他のセルにコピーして使用することができません。文字数(区名)が3文字や4文字の場合もあるからです。そこで、文字数をFIND関数を利用して求めます。

　　　　　　FIND("区",C3)

　　　　とすると、「住所」での "区" の位置が求まります。C3の "東京都港区愛宕2-1-1" では、5となります。

　　　　区名の長さはこの値より "東京都" の3文字を引いたものとなります。つまり、

　　　　　　FIND("区",C3)-3

　　　　が区名の長さということになります。結局、D3に入力する式は

　　　　　　=MID(C3,4,FIND("区",C3)-3)

　　　　となります。

「住所2」の抽出（E列）

文字列の右側から、指定された文字数だけを抽出する関数はRIGHT関数です。

RIGHT（文字列,文字数）

セルE3では、

文字列："東京都港区愛宕2-1-1"　（C3 です）

文字数：7　（"愛宕2-1-1" は7文字）

となりますから、=RIGHT（C3,7）を入力します。ただし、式のコピーを考えると文字数は

文字数：（C3の文字数）−（"区"までの文字数）

で算出します。文字列の文字数を調べるにはLEN関数を使用します。したがって、

文字数：LEN（C3）-FIND（"区",C3）

となります。結局、E3に入力する式は

=RIGHT（C3,LEN（C3）-FIND（"区",C3））

となります。

□ **文字列抽出**

LEFT：文字列の左側から抽出	LEFT（"販売価格一覧",4） = "販売価格"
MID：文字列の任意の位置から抽出	MID（"コンピューター",3,2） = "ピュ"
RIGHT：文字列の右側から抽出	RIGHT（"販売価格一覧",4） = "価格一覧"

□ **数字 ←→ 文字列 変換**

VALUE：文字列を数値に変換	VALUE（"1000"） = 1000
TEXT：数値を文字列に変換	TEXT（2715） = "2715"

□ **文字列長測定**

LEN：文字列の文字数を返します	LEN（"東京都　渋谷区"） = 7

□ **文字列検索/置換**

FIND：指定した文字列の検索	FIND（"タ","コンピューター"） = 6

SUBSTITUTE：指定した文字列での置き換え

SUBSTITUTE（"Sales Data","Sales","Cost"） = "Cost Data"

TRIM：連続した空白を1つの空白に置き換え、前後の空白は削除

TRIM（" First　Quarter　Earnings "） = "First Quarter Earnings"

フラッシュフィル

　フラッシュフィルは、入力したデータの規則性を認識し、必要とするデータを瞬時に入力する機能です。名簿などで、氏名を姓と名に分けて入力したり、後から1つのセルにまとめたりする場合に、フラッシュフィルを利用すると、関数を使わなくても手軽にデータを入力することができます。

　次の例は、「姓」と「名」がスペースで区切られている「氏名1」のデータを、フラッシュフィルを利用して「姓」と「名」に分離するものです。「氏名2」は「姓」と「名」を結合しています。

	A	B	C	D
1	氏名１	姓	名	氏名２
2	小野　博敏	小野	博敏	小野博敏
3	小野目　如快	小野目	如快	小野目如快
4	小棹　理子	小棹	理子	小棹理子
5	小田井　圭	小田井	圭	小田井圭
6	内海　太祐	内海	太祐	内海太祐
7	高木　亜有子	高木	亜有子	高木亜有子
8	高島　章雄	高島	章雄	高島章雄
9	中村　亮太	中村	亮太	中村亮太
10	森崎　功一	森崎	功一	森崎功一

関数を使用して求めると、

B2：=LEFT（A2,FIND（"　",A2）-1）

C2：=RIGHT（A2,LEN（A2）-FIND（"　",A2））

D2：=B2&C2

となります。

(1) 「姓」の最初の1件のみデータを入力し、入力したセル右下のフィルハンドルをダブルクリックすると、「氏名1」の最終行のデータがある10行目まで入力した文字がコピーされます。

(2) そのままでは、最初のデータがコピーされるだけですが、コピー後に表示されるスマートタグをクリックし、[フラッシュフィル]を選択します。

(3) コピーされたデータが「氏名1」のスペースより左側、すなわち「姓」の部分に変わります。

最初のデータを入力し、[データ]タブの[データツール]グループから [フラッシュフィル]をクリックするか、[ホーム]タブの[編集]グループから[フィル]-[フラッシュフィル]をクリックしても実行できます。また、ショートカットの[Ctrl]+[E]も覚えておくと便利です。

演習問題

(1) 学籍番号分析

ある学校では、学籍番号は(西暦下2桁)&(学科)&(通し番号)としている。学科は

E：情報メディア学科、P：保育学科、C：ビジネスキャリア学科、L：生活プロデュース学科である。学籍番号をもとに、入学年、卒業予定年(入学年+4)、学科、番号を表示させなさい。

学籍番号	入学年	卒業予定年	学科	番号
22E103	2022	2026	情報メディア学科	103
22P104	2022	2026	保育学科	104
21C204	2021	2025	ビジネスキャリア学科	204
23L305	2023	2027	生活プロデュース学科	305

(2) 電話番号

A列に"－"を2つ含む形の電話番号を複数用意し、B～D列に市外局番、市内局番、加入者番号をフラッシュフィルの機能を用いて求めなさい。

📖 3.6.6 データベース関数

[関数の分類]で[データベース]を選択すると、データベース処理に使用する関数が表示されます。この関数は指定した範囲内で、ある条件を満たすデータについて統計処理を行います。

指定した条件での、件数のカウントと合計は COUNTIF関数 と SUMIF関数 を使用して求めることが可能です。しかし、条件にANDやORなどの処理を入れたり、その他の統計処理を行おうとすると、データベース関数を使用する必要があります。

検索条件

データベース関数では、1行目に項目名、2行目以降に条件を記述した表を用意し、これを検索条件部とします。これは、データベースの抽出において、フィルターオプションを指定した場合の設定方法と同じです。

☐**条件を横につなげると、ANDの意味になります。**

出身地	身長(cm)
東京都	<160

出身地が東京都で身長が160未満の人を指定

☐**条件を行に分けて記入すると、ORの意味になります。**

出身地	身長(cm)
東京都	
	<160

出身地が東京都または身長が160未満の人を指定

☐**同じ項目でANDをとる場合は、項目名を二重に記入します。**

身長(cm)	身長(cm)
>=160	<170

身長が160以上170未満の人を指定

ワイルドカード

ワイルドカードと呼ばれる文字(おもに ? と *)を使用して、特定のパターンの文字列を検索条件に指定することが可能です。

? 任意の1文字を表します 　東?東 で、"東南東" や "東北東" が検索されます。

* 任意の文字列を表します 　*風で、"南風" や "北西風" が検索されます。

氏名
中*

氏名が「中」で始まる人

氏名
美

氏名に「美」を含む人

氏名
?田*

氏名の2番目に「田」が入る人

データベース関数の書式

次の例では、県名と売上で条件にあうデータを抜き出し、その抜き出したデータについて

　　データ件数、合計売上、平均売上、最大売上、最小売上

を表示しています。

	A	B	C	D	E	F	G
1	支店別売上データ						
2		支店名	県名	売上(千円)		県名	売上(千円)
3		上野店	東京都	4,580		東京都	>=5000
4		池袋店	東京都	7,390			
5		渋谷店	東京都	3,560			
6		新宿店	東京都	5,320			
7		町田店	東京都	4,350			
8		横浜店	神奈川県	7,340		データ件数	2
9		厚木店	神奈川県	3,980		合計売上	12,710
10		川崎店	神奈川県	5,230		平均売上	6,355
11		千葉店	千葉県	6,540		最大売上	7,390
12		柏店	千葉県	3,350		最小売上	5,320
13		成田店	千葉県	4,190			
14		船橋店	千葉県	3,320			
15		浦和店	埼玉県	5,620			
16		秩父店	埼玉県	2,490			
17		大宮店	埼玉県	7,390			

データベース関数は統計関数に検索条件がついたものと考えられます。すなわち、

　　検索対象のデータ範囲　　と　　検索条件を記述したセル

を表す、2つの引数が新たに必要になります。一般的な書式は次のようになります。

　　関数(検索対象のデータ範囲，集計する列，検索条件を記述したセル)

例題の式で確認してみましょう。

セルG8は条件にあうものだけをカウントするDCOUNT関数を入力します。

　　=DCOUNT(B2:D17,3,F2:G3)

第1引数(B2:D17)　検索対象のデータの範囲を項目名が入る形で指定します。

第2引数(3)　　　　検索したデータについて、集計する列を検索対象のデータ範囲の左から整数で指定します。

第3引数(F2:G3)　検索条件が記述してあるセルを指定します。

　　　　第1と第3引数の範囲の1行目の項目名にはまったく同じものを記入することに注意してください。検索対象データの項目名が「売上(千円)」の場合、検索条件の項目名に、「売上」や、「売上（千円）」(全角のカッコ)とするとうまく検索できません。

その他のセルも同様に入力します。

　G9　：合計です　　=DSUM(B2:D17,3,F2:G3)

　G10：平均です　　=DAVERAGE(B2:D17,3,F2:G3)

　G11：最大です　　=DMAX(B2:D17,3,F2:G3)

　G12：最小です　　=DMIN(B2:D17,3,F2:G3)

□データベース関数

DCOUNT(データベース，フィールド，検索条件)

リストまたはデータベースの指定された列を検索し、条件を満たすレコードの件数を返します。

データベース：リストまたはデータベースを構成するセル範囲を指定します。リストの先頭の行には、各列の見出しが入力されている必要があります。

フィールド　：関数の中で使用する列を指定します。フィールドの指定には、フィールド名を二重引用符(")で囲んで記述するか、左から何列目かを数値で指定します。

検索条件　：指定した検索条件が設定されているセル範囲を指定します。

DCOUNTの他にも、以下のようなデータベース関数があります。

平均：DAVERAGE　　合計：DSUM　　最大値：DMAX　　最小値：DMIN

空白でないセルの個数：DCOUNTA

演習問題

(1) 種々の検索条件

例題「支店別売上データ」について、次の検索条件で処理しなさい。

    a）支店名に "田" を含むデータ

    b）県名が "〜県" であるデータ

    c）売上が 5,000未満　かつ　県名が 東京都 のデータ

    d）売上が 4,000以上 5,000未満　かつ　県名が 神奈川県か千葉県 のデータ

    e）売上が 7,000以上　または　県名が 東京都 のデータ

(2) 珠算検定表

次の入力データにより、下記の珠算検定受験者名簿を処理条件に従って完成しなさい。

入力データ

学年	氏名	性別	乗算	除算	見取算	伝票算
1	青山　清	男	85	60	50	70
2	赤羽　裕司	男	75	80	90	80
3	山田　雪子	女	70	75	80	90
2	伊東　勅隆	男	70	80	100	40
3	大塚　晃正	男	45	95	60	80
1	加藤　雅憲	男	90	100	70	80
3	金子　義広	男	60	45	60	40
1	鴨反　修	男	85	75	80	70
2	河村　昌彦	男	75	85	70	50
2	神崎　雅令	男	60	75	80	50
3	菊地　知子	女	95	70	90	70
2	菊地　史浩	男	100	100	100	100
1	北村　里志	男	95	75	80	70
2	草刈　景子	女	40	60	90	90
1	栗原　英明	男	85	75	80	70
3	國府田　優子	女	55	45	100	60

処理条件

1. <出力形式1>のように珠算検定受験者名簿の空欄を求めなさい。(－－－の部分は空白とする)

<出力形式1>

珠 算 検 定 受 験 者 名 簿

学年	氏　名	性別	乗　算	除　算	見取算	伝票算	合　計	合　否	評　価

(途 中 省 略)

－－－－	合　計								－－－
－－－－	平　均								－－－

2. 乗算、除算、見取算、伝票算のすべてが70点以上の場合は合格、そうでない場合は不合格を合否の欄に付ける。

3. 評価は以下の通り。

合否		合計	評価
合格	かつ	400	満点
合格	かつ	360以上	正確
合格	かつ	280以上	普通
	それ以外		不正確

4. 見出しの表示は中央揃え、文字の表示は左揃え、数字の表示は右揃えとし、3桁ごとにコンマを付ける。

5. 罫線の太線と細線を区別する。(外枠は太線)

6. <出力形式2>のようにそれぞれの条件を満たすデータの処理をしなさい。

<出力形式2>

合格者の人数	
2年の伝票算平均点	
女子での合計の最高点	
1年で合計の最低点	
見取算が70以上の点数の平均点	

■ 3.6.7　表引き

該当するデータを別表から取り出す作業は「表引き」と呼ばれ、VLOOKUP関数を用います。

文字データの表引き

次の表は、商品一覧表のデータをもとに、見積書に品番を入力すると、品名と単価を自動的に表示し、数量を入力すると、小計、税抜合計、消費税、合計を算出するものです。

	A	B	C	D	E	F	G	H	I	J
1		見積書						商品一覧表		
2		品番	品名	単価	数量	小計		品番	品名	単価
3		RT28	リビングテーブル	¥34,000	1	¥34,000		DT40	ダイニングテーブル	¥42,000
4		RC20	リビングチェア	¥17,000	4	¥68,000		RT28	リビングテーブル	¥34,000
5		SF25	ソファー	¥37,000	1	¥37,000		RT30	ローテーブル	¥25,000
6								DC20	ダイニングチェア	¥13,000
7								RC20	リビングチェア	¥17,000
8				税抜合計		¥139,000		SF25	ソファー	¥37,000
9				消費税		¥13,900				
10				合計		¥152,900				

　VLOOKUP関数は、判定の基準となる条件を条件表として別に与えておき、判定しようとするデータが条件表の条件を満足する場合、その対応結果を取り出すものです。この条件表は判定しようとするデータが必ず表の左端になければなりません。

書式は次のようになります。

　VLOOKUP(検索値, 条件表, 列番号, 検索の型)

　　検索値　　：検索する値を指定します。

　　条件表　　：目的のデータが含まれるテーブルを指定します。

　　列番号　　：条件表で目的のデータが入力されている列を、左端からの列数で指定します。

　　検索の型：TRUE を指定するか省略すると、検索値が見つからない場合に、検索値未満で最も大きい値が使用されます。FALSE を指定すると、検索値と完全に一致する値だけが検索され、見つからない場合はエラー値 #N/A が返されます。

セルC3で考えると、

検索値	：B3	左隣のデータを使用します
条件表	：\$H\$3:\$J\$8	コピーを考え、絶対番地とします
列番号	：2	条件表の2列目のデータを取り出します
検索の型	：FALSE	完全一致のみ検索します

よって、式は以下のようになります。

=VLOOKUP(B3,\$H\$3:\$J\$8,2,FALSE)

ただし、このままでは、品番が未入力の場合「エラー」となってしまうので、IF文を利用して、

未入力→""　（データなし）

入力　→VLOOKUP(B3,\$H\$3:\$J\$8,2,FALSE)

とします。したがって、C3には以下を入力します。

=IF(B3="","",VLOOKUP(B3,\$H\$3:\$J\$8,2,FALSE))

同様に考え、D3には以下を入力します。

=IF(B3="","",VLOOKUP(B3,\$H\$3:\$J\$8,3,FALSE))

数値データの表引き

　上の例では検索値が文字データだったので、条件表の左端にはデータそのものを書きましたが、数値データでは左端のデータは範囲を表します。

　次の例は、マラソンの時間で判定の文字を変化させるものです。時間は数値（シリアル値）となっていることに注意してください。

	A	B	C	D	E	F	G
1		マラソン成績				判定表	
2		ナンバー	時間	判定		0:00:00	立派です
3		10635	2:29:59	立派です		2:30:00	もう一息
4		10713	2:30:00	もう一息		3:00:00	がんばれ
5		10965	4:30:15	まだまだ		3:30:00	まだまだ
6		10525	3:12:53	がんばれ			
7		10492	3:32:42	まだまだ			
8		10799	2:42:03	もう一息			
9		10117	3:00:00	がんばれ			
10		10126	3:55:02	まだまだ			
11		10263	2:49:49	もう一息			
12		10859	3:10:55	がんばれ			

判定表は

0:00:00以上2:30:00未満　立派です

2:30:00以上3:00:00未満　もう一息

3:00:00以上3:30:00未満　がんばれ

3:30:00以上　　　　　　　まだまだ

です。

セルD3の式は　　=VLOOKUP(C3,\$F\$2:\$G\$5,2,TRUE)　　となります。

このように、条件表の左端に数値を書くときは、必ず昇順になっている必要があります。

判定表のデータの範囲は

（その数値）以上　（下のセルの数値）未満となります。

演習問題

(1) 県コード

関東人名簿の出身県にデータを入力するのに、県コードの欄を設け、ここに県コードを入力して関数により出身県を表示させるようにした。条件表を適時作成し、次の表を完成させなさい。ただし、まちがって8〜14以外のコードを入力したらエラーと表示されるようにしなさい。

	A	B	C
1	氏名	コード	出身県
2	櫻田直美	11	埼玉県
3	伊藤集	14	神奈川県
4	野口昌子	2	エラー
5			
6			
7			
8			
9			
10			
11			

C2〜C11まですべてに関数を記入します。

コードを入力するまでは出身県のセルにはなにも表示されません。

県コードの対応は次の通り

8	茨城県、	9	栃木県、	10	群馬県
11	埼玉県、	12	千葉県、	13	東京都
14	神奈川県				

(2) 10,000日後

生まれてから10,000日後の　年、月、日、曜日を表示させなさい。ただし、

年　：西暦で表示

月　：JANUARY〜DECEMBERまで英語で表示

日　：普通に表示

曜日：MONDAY〜SUNDAYまで英語で表示

とします。月と曜日の表示にはVLOOKUP関数を使用しなさい。

	A	B	C	D	E	F
1	10,000日後					
2	氏名	生年月日	年	月	日	曜日
3	白倉俊介	H3.10.1	2019	FEBRUARY	16	SATURDAY
4	長岡研一	H1.12.1				
5	宮川由実子	S63.5.1				
6	早川知佐子	S51.6.14				
7	栗田薫子	S53.12.19				
8	梅田淳子	S51.9.22				
9	松尾千穂	S51.10.15				
10	藤本周	S53.1.7				
11	丸山敏洋	S60.2.13				

上の例では、参考のため、H3.10.1生まれの人の結果を表示しています。

(3) 太り判定

3.6.3論理関数の演習問題(2)「標準体重」の太り判定をVLOOKUP関数を使用して求めなさい。

⑷ 売上表

下記の【入力データ】を基に、指示に従って表を作成しなさい。表題は表の中央、見出しは中央揃え、文字は左揃え、数字は右揃えとし、3桁ごとにコンマをつけること。

【入力データ】

コード	支店名	売上高	数量
101	厚木	8,411,400	3,509
102	横浜	5,244,200	2,458
103	宇都宮	4,327,800	1,989
104	前橋	6,588,300	3,176
105	伊勢崎	9,074,800	4,291
106	新宿	7,596,400	3,207
107	大宮	5,104,500	2,311
108	町田	6,829,600	2,949
109	池袋	7,363,700	2,888

【乗率表】

売上高		乗率
8,000,000以上		3.8%
6,000,000以上	8,000,000未満	3.5%
	6,000,000未満	3.2%

【販売奨励金の計算式】

数量	販売奨励金
3,000以上	売上高×6%
それ以外	売上高×5%

1) 支店別売上一覧表を作成しなさい。(－－－の部分は空白とする)
2) 乗率は【乗率表】を参照し求めなさい。(%の小数第1位までの表示とする)
   広告費分担金=売上高×乗率(整数未満切り上げ)
3) 販売奨励金は【販売奨励金の計算式】を参照し求めなさい。
4) 合計を求めなさい。
5) 構成比率=販売奨励金÷販売奨励金の合計(%の小数第1位未満四捨五入の表示)
6) 広告費分担金の昇順に並べ替えなさい。
7) データ集計表を作成しなさい。すべて¥表示とする。(平均は整数未満四捨五入の表示とする)
8) 罫線の太線と細線を区別する。(外枠は太線とする)

支 店 別 売 上 一 覧 表

コード	支店名	売上高	数量	乗率	広告費分担金	販売奨励金	構成比率

(途中省略)

－－－	合計			－－－			－－－

データ集計表

売上高の平均	
広告費分担金の平均	
販売奨励金の最小	

■ 3.6.8 スピル

　数式を入力したとき、セルからあふれて隣接したセルにも値が出力されるのがスピルです。スピルは動的配列数式とも呼ばれ、複数の値を返す配列数式を該当セル範囲の先頭(左上セル)に入力するだけで、入力したセルからこぼれ出るように、複数の値が隣接するセルに出力されます。

　次の例は、スピルの機能を使ってA1～A3に入力してある値をB列にそのまま表示するものです。B1に =A1:A3 と入力すると、B2,B3には何も入力しなくても、値が表示されます。

B2の内容を数式バーで確認すると、薄い表示になっています。実際は何も入力されていないため、これをゴーストといいます。

　次の例では、スピルの機能を使ってA1～A3の値を5倍してB列に表示しています。

	A	B
1	1	=A1:A3*5
2	2	10
3	3	15

　次の例では、3.3.4で絶対番地や複合番地を使って作成した表を、スピルを使って表示しています。

	A	B	C	D
1				
2		注文表	景品単価	50
3				
4			購入数	金額
5		とまと	23	=C5:C8*D2
6		たんぽぽ	18	900
7		いちご	22	1,100
8		合計	63	3,150

	A	B	C	D	E	F	G	H	I	J	K
1											
2		九九早見表									
3											
4				1	2	3	4	5	6	7	8	9
5			1	=B5:B13*C4:K4		5	6	7	8	9
6			2	2	4	6	8	10	12	14	16	18
7			3	3	6	9	12	15	18	21	24	27
8			4	4	8	12	16	20	24	28	32	36
9			5	5	10	15	20	25	30	35	40	45
10			6	6	12	18	24	30	36	42	48	54
11			7	7	14	21	28	35	42	49	56	63
12			8	8	16	24	32	40	48	56	64	72
13			9	9	18	27	36	45	54	63	72	81
14											

　スピル専用に用意された関数を利用することで、各種処理をより効率的に処理することができます。ここでは、並べ替えや抽出、表引きについて学習します。

並べ替え

　3.5.3並べ替えの処理では、指定範囲のデータを並べ替えてしまいますが、SORT関数を使用すると、指定範囲のデータを並べ替えて表として出力することができます。

　SORT(配列,[指標],[順序],[基準])

　　配列　：並べ替える範囲を指定します。
　　指標　：範囲の左端列を1とし、何列目で並べ替えるかを指定します。省略すると1となります。
　　順序　：昇順は1、降順は−1を指定します。省略すると1(昇順)で並べ替えられます。
　　基準　：行で(縦に)並べ替える場合はFALSE、列で(横に)並べ替える場合はTRUEを指定します。
　　　　　　省略するとFALSEとみなされるため、一般的には省略して行での並べ替えとします。

以下の例では、3.5データベースで用いたデータをSORT関数を利用して担当曜日の昇順に並べ替えた結果を　=SORT(A4:E23,3)　として、G4に求めています。ここでは、関数の働きを見るため、あえてフィールド名は付けていませんが、実使用では、G3～K3に元のフィールド名をコピーしておきます。

	A	B	C	D	E	F	G	H	I	J	K
1			掃除担当表					担当曜日の昇順			
2											
3	番号	氏名	担当曜日	体重kg	身長cm						
4	N010	東一郎	Mon	76	170		=SORT(A4:E23,3)		Fri	56	163
5	N020	東二郎	Tue	56	168		N120	南二郎	Fri	53	165
6	N030	東三郎	Wed	64	156		N190	北四郎	Fri	65	159
7	N040	東四郎	Thu	62	152		N010	東一郎	Mon	76	170
8	N050	東五郎	Fri	56	163		N080	西三郎	Mon	54	164
9	N060	西一郎	Sat	53	171		N150	南五郎	Mon	67	165
10	N070	西二郎	Sun	72	168		N060	西一郎	Sat	53	171

並べ替える範囲として A4:E23

担当曜日は、3列目なので指標は3

昇順で縦方向に並べ替えなので、

順序と基準は省略しています。

次の例は並べ替えのキーが2つの場合、担当曜日の昇順、体重の降順で並び替えています。

	G	H	I	J	K
	担当曜日の昇順、体重の降順				
	=SORT(SORT(A4:E23,4,-1),3)			65	159
	N050	東五郎	Fri	56	163
	N120	南二郎	Fri	53	165
	N010	東一郎	Mon	76	170
	N150	南五郎	Mon	67	165
	N080	西三郎	Mon	54	164
	N130	南三郎	Sat	66	172
	N200	北五郎	Sat	61	166

最初に =SORT(A4:E23,4,-1) として、体重を降順で並べ替えた配列を求めます。この配列に対し、さらにSORT関数で担当曜日での並び替えを実行するので、G4は以下の式となります。

　　=SORT(SORT(A4:E23,4,-1),3)

なお、複数キーの場合はSORTBY関数が便利です。興味のある人は調べてみましょう。

抽出

FILTER関数を使用すると、指定した条件で抽出した結果を、表として出力することができます。

FILTER(配列,含む,[空の場合])

　　配列　　：抽出するデータの範囲を指定します。

　　含む　　：抽出する条件を記載します。複数条件のANDは*、ORは+演算子を用います。

　　空の場合：何も抽出されなかった場合、ここに記載された内容が出力されます。

次の例では、FILTER関数を利用して担当曜日がFriのフィールドのみ抽出しています。

FILTER			× ✓ fx	=FILTER(A4:E23,C4:C23="Fri")						
	A	B	C	D	E	F	G	H	I	J	K
1			掃除担当表					担当曜日がFriの抽出			
2											
3	番号	氏名	担当曜日	体重kg	身長cm						
4	N010	東一郎	Mon	76	170		=FILTER(A4:E23,C4:C23="Fri")			56	163
5	N020	東二郎	Tue	56	168		N120	南二郎	Fri	53	165
6	N030	東三郎	Wed	64	156		N190	北四郎	Fri	65	159
7	N040	東四郎	Thu	62	152						
	N050	東五郎	Fri		163						

抽出範囲は A4:E23 です。

担当曜日がFriの指定は、抽出範囲のC列がFriに等しいことを記載します。

　　=FILTER(A4:E23,C4:C23="Fri")

※Friは文字列なので、" で囲みます。

以下に種々のFILTER関数の例を示します。

体重が60kg以上　=FILTER(A4:E23,D4:D23>=60)

身長が160cm台　=FILTER(A4:E23,(E4:E23>=160)*(E4:E23<170))

担当曜日がSunまたは身長が170cm以上　=FILTER(A4:E23,(C4:C23="Sun")+(E4:E23>=170))

表引き

XLOOKUP関数はVLOOKUP関数に新しい機能を追加したものです。

XLOOKUP(検索値,検索範囲,戻り範囲,[見つからない場合],[一致モード],[検索モード])

検索値　：検索する値を指定します。

検索範囲：どの範囲から検索値を探し出すかを指定する検索範囲を指定します。

戻り範囲：検索値が検索範囲内で一致した場合、結果を返す範囲を戻り範囲として指定します。

見つからない場合：検索値が見つからない場合、ここに記載した内容が出力されます。

一致モード：完全一致は0または省略、数値で範囲を指定する場合は-1を指定します。

検索モード：通常は先頭から末尾への検索になるので、1または省略とします。

次の例では、VLOOKUP関数の例をXLOOKUP関数を使用して求めています。商品一覧表の列の並びを変更し、表の左端に検索データの列がなくても検索できることを確認しています。

検索範囲は品番の列 I3:I8 を指定し、戻り範囲は検索範囲に対応する戻り値の範囲 H3:H8 をそれぞれ絶対番地で記載します。

また、見つからない場合は "該当なし" と表示します。

=XLOOKUP(B3,$I$3:$I$8,$H$3:$H$8,"該当なし")

上の例では、スピルの機能を使わずに式を記載していますが、スピルを使用した場合は、C4～C7には式を記入せず、C3にのみ以下の式を記載します。

=XLOOKUP(B3:B7,I3:I8,H3:H8,"該当なし")

検索範囲は判定表の時間の列 F2:F5 を指定し、戻り範囲は検索範囲に対応する戻り値の範囲 G2:G5 をそれぞれ絶対番地で記載します。

また、数値で範囲検索するため、一致モードに-1を指定します。

=XLOOKUP(C3,$F$2:$F$5,$G$2:$G$5,,-1)

スピルの機能を使用した場合は、D4～D12には式を記入せず、D3にのみ以下の式を記入します。

=XLOOKUP(C3:C12,F2:F5,G2:G5,,-1)

演習問題

(1) 売上と売上比率

下の表を処理条件に従って完成しなさい。表題は表の中央、見出しは中央揃え、3桁ごとにコンマをつけ、売上比率は%で小数点第1位まで表示させること。

	A	B	C	D	E	F
1		売上と売上比率				
2		商品名	原価	売上数	売上額	売上比率
3		A商品	2,478	196		
4		B商品	2,684	203		
5		C商品	2,853	173		
6		D商品	3,296	154		
7		E商品	4,607	216		
8		合計				

処理条件
1. 売上額＝原価×売上数　式はE3のみ入力し、E4～E7はスピルで表示させること。
2. 売上比率＝売上額／売上額の合計　式はF3のみ入力し、F4～F7はスピルで表示させること。
3. 合計も適宜求めること。
4. 罫線の太線、細線、二重線を区別すること。

(2) 太り判定

3.6.3論理関数の演習問題(2)「標準体重」の太り判定をXLOOKUP関数を使用して求めなさい。

(3) 売上表

3.6.7表引きの演習問題(4)「売上表」をスピルの機能を有効に活用して作成しなさい。

3.7 集計と分析

より複雑な集計と分析の方法として、ここでは、串刺し集計とクロス集計を学習します。

■ 3.7.1 串刺し集計

Excelでは、複数のワークシートがブックで構成され、データは各ブックにファイル名を付けて保存されます。各ワークシートごとにではなく、ブックごとに保存するのはどうしてでしょうか?ここではブック内の複数のワークシートをお互いに関連づけて処理する方法を学びます。

串刺し集計の考え方

1つのブック内のワークシートは、互いに関連性があるようにします。自分の小遣い帳と会社の見積書のワークシートを1つのブックに入れることはしないでしょう。

ここで、次のような3つのワークシートを考えてみます。

1月の販売台数

	東京店	大阪店	福岡店	合計
テレビ	120	130	100	350
ビデオ	50	80	30	160
ステレオ	60	20	50	130
合計	230	230	180	640

2月の販売台数

	東京店	大阪店	福岡店	合計
テレビ	110	110	90	310
ビデオ	30	90	20	140
ステレオ	70	50	40	160
合計	210	250	150	610

3月の販売台数

	東京店	大阪店	福岡店	合計
テレビ	150	90	130	370
ビデオ	40	80	30	150
ステレオ	60	40	30	130
合計	250	210	190	650

上の3つのワークシートを元に、1~3月までの合計の販売台数を計算すると、次のようになります。

1~3月の販売台数

	東京店	大阪店	福岡店	合計
テレビ	380	330	320	1,030
ビデオ	120	250	80	450
ステレオ	190	110	120	420
合計	690	690	520	1,900

4つの表の形式がほとんど同じであることを利用し、1月~3月の各ワークシートをSheet1~Sheet3に入力し、Sheet4に集計結果を表示させるようにします。このような集計を串刺し集計といいます。

データ入力

Sheet1に1月の販売台数を入力します。

	A	B	C	D	E
1	1月の販売台数				
2		東京店	大阪店	福岡店	合計
3	テレビ	120	130	100	350
4	ビデオ	50	80	30	160
5	ステレオ	60	20	50	130
6	合計	230	230	180	640

E列と6行目の合計欄はSUM関数を使用します。

ワークシート名を「Sheet1」から「1月」に変更します。

> シート左下のシートタブ を右クリックすると、シートタブに関するメニューが出てくるので、[名前の変更] を選択し、「Sheet1」を「1月」に変更します。

新しいワークシートを追加し、2月の販売台数を入力します。ワークシートの新規追加は、シートタブ右側の ⊕ をクリックします。

> 形式は1月と同じです。異なるのは表題と数値データのみです。1月のワークシートをコピーして利用することにします。
> 1月のワークシートのA1:E6を範囲指定し、コピー操作([Ctrl] + [C])で指定範囲をクリップボードにコピーします。ワークシートをSheet2に変更し、A1をアクティブセルにします。貼り付け操作([Ctrl] + [V])で、A1を左上としたクリップボードの内容(1月のA1:E6)が貼り付けられます。

表題と数値データを2月のものに書き換えます。

ワークシート名を「Sheet2」から「2月」に変更します。

同様にSheet3に3月の販売台数を入力します。

Sheet4は1月の表をそのままコピーして作成します。

> Sheet4には1～3月の総販売台数の表が入りますが、表の形式は1月、2月、3月のワークシートと同じです。これまでと同じ方法でも作成してもよいのですが、ここでは、1月のシートタブを [Ctrl] キーを押しながら3月のシートタブの右側にドラッグ＆ドロップする方法で作成してみます。

挿入(I)...
削除(D)
名前の変更(R)
移動またはコピー(M)...
コードの表示(V)
シートの保護(P)...
シート見出しの色(T) >
非表示(H)
再表示(U)...
すべてのシートを選択(S)

> ワークシートをコピーするのに、ドラッグ＆ドロップを使用せず、シートタブを右クリックすると、左のようなメニューが表示されるので、ここから各種操作をすることも可能です。

表題を "1～3月の販売台数" に変更します。

ワークシート名を "1月(2)" から "1～3月" に変更します。

数値データの欄(B3:D5)は空欄にします。

これまでのブックの内容を一度 "串刺集計.xlsx" で保存しておきましょう。

ワークシートの複数表示

　串刺し集計の場合、同じ形式のデータが何枚ものワークシートにまたがって入力されます。画面で各シートをいちいち切り換えていたのでは効率が悪く、間違いのもとにもなりかねません。現在、4つあるシートを同時に画面に表示させて、操作性を向上します。

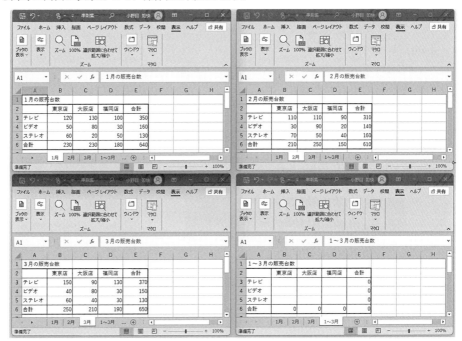

(1) ［表示］タブの［ウィンドウ］グループより、［新しいウィンドウを開く］を選択します。

　　"串刺集計.xlsx:2" でもう一つのウィンドウが開きます。

(2) ［表示］タブの［ウィンドウ］グループより、［ウィンドウの切り替え］で確認してみましょう。

　　"串刺集計.xlsx:1" と "串刺集計.xlsx:2" の2つのウィンドウが開いており、現在の操作対象が "串刺集計.xlsx:2" であることがわかります。

(3) あと2回、同様の操作を行い、全部で4つのウィンドウを開きます。

(4) 4つのウィンドウを一度に画面に表示するために、ウィンドウの整列を実施します。

　　［表示］タブの［ウィンドウ］グループより、［整列］で［ウィンドウの整列］ダイアログボックスを開き、［並べて表示］を選択し、［OK］をクリックします。

通常は［並べて表示］を選択すればよいでしょう。

串刺集計.xlsxのブック以外も開いている場合、単に整列を行うと、別のブックも含めて5つ（またはそれ以上）のウィンドウが表示されてしまいます。そのような場合、［作業中のブックのウィンドウを整列する］をチェックしておくと、指定したブック以外は整列の対象になりません。

(5) このままでは、4つのウィンドウすべてが同じワークシートを表示したままです。各ウィンドウのシートタブを選択し、4つのシートに1月、2月、3月、1〜3月を表示させます。

作業グループ

　同じ形式の複数のワークシートに対しては、"作業グループ"としてグループ化しておくと一度の操作でグループ化したすべてのワークシートを一気に設定できます。

(1)　シートタブ"1月"をクリックして選択します。

▶	**1月**	2月	3月	1〜3月	⊕

(2)　[Shift] キーを押しながらシートタブ"1〜3月"をクリックします。

　　"1月"〜"1〜3月"までのすべてのワークシートが選択されます。

▶	1月	2月	3月	1〜3月	⊕

　　このとき、[Shift] キーでなく、[Ctrl] キーを押しながらクリックすると、クリックしたシートのみが選択されていきます(通常のセルの選択方法と同じです)。

(3)　タイトルバーに［グループ］が表示されます。これは、シートへの操作が指定した複数のシートに対して実行されることを示しています。

⌄	串刺集計.xlsx:1 ［グループ］…	🔍

　これで、1月のワークシートを変更するだけで、4つのシート(1月、2月、3月、1〜3月)すべてに変更が及ぶようになりました。

　次の設定を作業グループに対して実行します。4つのワークシートが同時に設定されるのを確認してください。

　　・見出しを16ポイント、太字にする。
　　・2行目の項目名B2:E2のセルの色を薄い水色にする。
　　・数値が表示されるセルB3:E6をカンマ付き表示にする。

作業グループの解除

　シートタブを右クリックして開いたメニューから[作業グループ解除]を選択するか、どれか1つのシートタブを選択すると作業グループが解除されます。

串刺し集計

　"1〜3月の販売台数"のワークシートへは他の3つのシートの合計値が入ります。

　シートタブ"1〜3月"をクリックし、B3に式

　　　＝(シート1月のB3)＋(シート2月のB3)＋(シート3月のB3)

を入力します。入力方法は次のとおりです。

(1)　"="と入力し、1月のワークシートのB3を選択します。

　　　　1〜3月のワークシートB3の内容が　='1月'!B3　に変わります。

　　　　このことからわかるように、式中で、あるシートのあるセルを表すには

　　　　　'(シート名)'!(セル範囲)

　　　　とします。

(2)　続いて"+"を入力し、2月のワークシートのB3を選択します。

(3)　さらに"+"を入力し、3月のワークシートのB3を選択します。

(4)　最後に [Enter] キーを押して入力を終了します。

　　　　1〜3月のワークシートのB3の内容が　='1月'!B3+'2月'!B3+'3月'!B3　となり、計算結果が表示されます。

　式は関数を使用しても可能です。1〜3月のワークシートの6行目の各支店の合計に、SUM関数を利用して合計を求めてみましょう。

(1)　シートタブ"1〜3月"をクリックし、B4をクリックします。ここに式を入力します。

(2)　合計はオートSUMの機能を使用します。 Σ をクリックします。

　　　　＝SUM(B3)と表示されます。

　　　　すぐ上のB3に数値が入力済みのためB3となりますが、B3に数値がない場合、ただ()だけになります。

(3)　1月のワークシートのB4のセルを選択します。

　　　　1〜3月のワークシートB4の内容が　＝SUM('1月'!B4)　に変わります。これは、SUMの範囲が1月のB4であることを表しています。

(4)　B4に入力した式に":3月"を追加し、＝SUM('1月:3月'!B4)とします。

(5)　最後に[Enter]キーを押して入力を終了します。

　　　　このことより、シート名もセル範囲同様":"で範囲指定できることがわかります。

(6)　B4のSUM関数の計算式をB3:D5に複写します。

　　　　コピー&貼り付けで複写しますが、貼り付け時に、「数式」を選択し、書式が影響を受けないようにします。

演習問題

(1) 売上集計表(その1)

次の入力データにより、下記の売上集計表を処理条件に従って完成しなさい。

＜入力データ＞

売上数量（4月分）

コード	支 店 名	菓 子	飲 料	雑 貨	食 品
001	新宿支店	549	894	464	858
002	池袋支店	262	235	184	567
003	品川支店	455	435	195	749
004	世田谷支店	624	624	451	564
005	文京支店	154	641	415	465
006	千代田支店	656	653	574	425
007	中野支店	345	246	64	646
008	太田支店	185	514	551	574
009	杉並支店	147	657	548	498
010	荒川支店	855	564	976	479

売上数量（5月分）

コード	支 店 名	菓 子	飲 料	雑 貨	食 品
001	新宿支店	148	394	534	738
002	池袋支店	253	185	284	424
003	品川支店	375	575	18	549
004	世田谷支店	325	604	351	424
005	文京支店	504	647	425	505
006	千代田支店	421	683	174	635
007	中野支店	745	346	520	816
008	太田支店	288	614	451	424
009	杉並支店	167	278	348	278
010	荒川支店	245	456	816	339

売上数量（6月分）

コード	支 店 名	菓 子	飲 料	雑 貨	食 品
001	新宿支店	589	846	974	894
002	池袋支店	642	218	344	535
003	品川支店	495	419	305	735
004	世田谷支店	644	645	261	524
005	文京支店	654	641	425	441
006	千代田支店	256	657	554	453
007	中野支店	465	264	460	646
008	太田支店	745	555	121	514
009	杉並支店	987	654	538	457
010	荒川支店	795	597	646	646

＜単価表＞

菓子：265円、飲料：110円、雑貨：325円、食品：430円

＜判定表＞

		判定は
6月売上が55万以上　かつ　合計が200万以上		A
6月売上が55万以上　かつ　合計が180万以上200万未満		B
6月売上が55万以上　かつ　合計が150万以上180万未満		C
それ以外		D

＜処理条件＞

・4月、5月、6月それぞれをSheet1～Sheet3に入力しなさい。

　　食品の項目名の右に"数量合計"、"金額合計"の欄を設けること。

　　荒川支店の下に"合計"、"平均"の欄を設けること。

・Sheet4に"4月分～6月分の売上集計"として表を作りなさい。

　　食品の項目名の右に"数量合計"、"金額合計"の欄を設けること。

　　荒川支店の下に"合計"、"平均"の欄を設けること。

・Sheet5に"売上金額集計表"として表を作りなさい。

　　項目名は　　コード、支店名、4月、5月、6月、合計、判定、順位　　とし、

　　最後の行に合計と平均(判定と順位は除く)を設けること。

　　順位は合計の多い順に1から順位を振る。

　　判定は判定表を参照のこと。

・平均は整数未満四捨五入のこと。

・数値は3桁ごとにコンマを付すこと。

⑵　売上集計表(その2)

　　次の入力データにより、下記の売上集計表を処理条件に従って完成しなさい。

＜入力データ＞

子供服　　　　　　　　　　　単位(円)

支店名	14年	15年	16年
函館支店	3,198,000	2,598,000	6,496,000
神奈川支店	4,279,600	3,468,000	3,271,000
静岡支店	2,356,400	5,795,200	4,379,000
香川支店	6,135,700	7,396,700	7,896,300
東京支店	2,756,000	9,139,650	2,479,000
兵庫支店	1,918,000	3,218,600	5,224,800
岡山支店	5,735,000	4,641,000	3,649,000
沖縄支店	4,567,800	6,275,900	7,196,400
京都支店	3,469,000	4,193,000	5,137,500
千葉支店	3,278,600	3,478,600	2,136,800

婦人服　　　　　　　　　　　単位(円)

支店名	14年	15年	16年
函館支店	5,104,000	6,743,000	6,956,000
神奈川支店	4,275,600	3,754,000	5,741,000
静岡支店	7,306,400	6,974,000	8,839,000
香川支店	3,132,100	4,936,700	4,890,300
東京支店	8,735,000	8,939,650	9,459,000
兵庫支店	4,973,000	3,254,600	4,264,800
岡山支店	3,753,000	2,452,000	4,689,000
沖縄支店	1,552,000	1,726,900	2,131,400
京都支店	3,769,000	4,923,000	5,112,500
千葉支店	6,272,600	7,752,600	8,104,800

紳士服　　　　　　　　　　　単位(円)

支店名	14年	15年	16年
函館支店	4,289,000	3,532,000	5,934,000
神奈川支店	6,763,600	5,454,000	7,962,000
静岡支店	3,045,600	4,732,200	4,562,000
香川支店	6,652,700	4,521,700	2,023,300
東京支店	3,347,000	2,354,650	5,871,000
兵庫支店	2,018,000	4,126,600	3,314,800
岡山支店	6,836,000	4,142,000	5,452,000
沖縄支店	1,134,800	2,756,000	2,892,400
京都支店	3,485,400	4,872,000	5,761,000
千葉支店	5,731,600	6,643,600	7,042,800

＜別表1＞

89年		90年		91年	ランク
700万以上	かつ	700万以上	かつ	700万以上	絶好調
500万以上	かつ	500万以上	かつ	500万以上	好調
400万以上	かつ	400万以上	かつ	400万以上	普通
		それ以外			不調

＜別表2＞

89年		総合計	ランク
1200万以上	かつ	5000万以上	絶好調
1200万以上	かつ	4000万以上	好調
1200万以上	かつ	3000万以上	普通
		それ以外	不調

＜処理条件＞

・＜出力形式＞のような売上集計表を3種類(子供服・婦人服・紳士服)別々のシートに作成しなさい。

　　ランクは＜別表1＞を参照すること。金額の多い順に順位を1から振りなさい。

・＜出力形式＞と同じ形式で3種類の表を結合させた売上集計表(全体)を作成しなさい。

　　ランクは＜別表2＞を参照すること。金額の多い順に順位を1から振りなさい。

　　構成比率は%の小数点第2位未満を四捨五入し、%で表示する。

　　構成比率は総合計に占める合計の割合。

・見出しは中央揃え、数字は3桁ごとにコンマを付ける。

＜出力形式＞

売　上　集　計　表　(××服)

支店名	14年	15年	16年	総合計	順位	ランク	構成比率

(途 中 省 略)

3.7.2 クロス集計

クロス集計とは、与えられたデータのうち、2つないし3つ程度の項目に着目してデータの分析や集計を行なうことです。通常、1つ（ないし2つ）の項目を縦軸に、もう1つの項目を横軸において表を作成することになります。

次の例は「論理関数」で使用したデータをもとに血液型と性別でクロス集計を行ったものです。

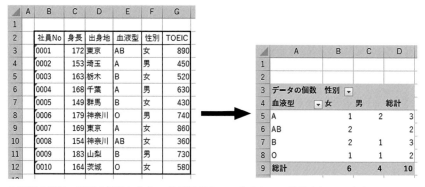

血液型を縦軸、性別を横軸にとり、各項目がクロスするセルで集計をしています。

ピボットテーブル

Excelでは、このクロス集計は「ピボットテーブル」で行います。ピボットテーブルは、対話型のワークシートテーブルです。データの配置・集計方法の変更・表示するデータの選択などが簡単に設定できるので、さまざまな視点でデータを分析することができます。

件数カウント

上の血液型と性別の集計表を作成してみましょう。なお、元になる表は、1行目がフィールド名となるリスト形式である必要があります。(リストについては、「3.5データベース」参照)

(1) リスト内を選択した状態で、［挿入］タブの ［テーブル］グループより、［ピボットテーブル］を選択します。

(2) 元になるデータの範囲とピボットテーブルの作成先を指定します。リストの範囲になっていることを確認し、［新規ワークシート］にチェックをして、［OK］ボタンをクリックします。

(3)　ピボットテーブル用のリボンとピボットテーブルのフィールドリストが表示されます。

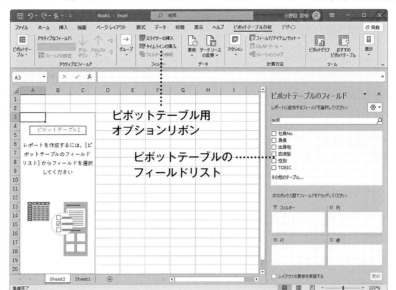

(4)　テーブルの作成は、フィールドリストの項目名を行と列のボックスエリアにドラッグ＆ドロップします。

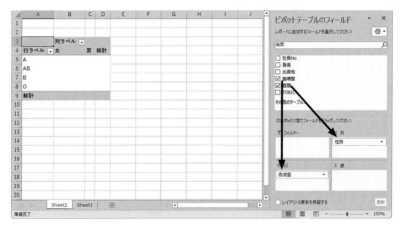

ここでは、「血液型」を行ブロック、「性別」を列ブロックへドラッグ＆ドロップします。

項目名のみのピボットテーブルが作成されます。たとえば B5 には、A型の女性に対するデータが入りますが、件数なのか、身長の平均なのか、TOEICの点数の合計なのか、何を表示すればよいのかわかりません。

(5)　ここでは、件数を表示するので、フィールドリストより、「血液型」または「性別」を値ブロックへドラッグ＆ドロップします。

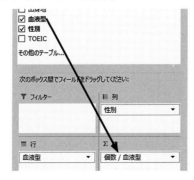

⑹　数値以外のデータが操作された場合、件数の合計が表示されます。

個数 / 血液型	列ラベル		
行ラベル	女	男	総計
A	1	2	3
AB	2		2
B	2	1	3
O	1	1	2
総計	6	4	10

数値が操作された場合は、数値の合計が表示されます。

⑺　項目名等を変更し、列幅を整えます。

データの個数	性別		
血液型	女	男	総計
A	1	2	3
AB	2		2
B	2	1	3
O	1	1	2
総計	6	4	10

　元になる表のデータを変更しても、そのままではピボットテーブルに結果が反映されません。［ピボットテーブル分析］タブの［データ］グループより、［更新］をクリックします。

　［行ラベル］、［列ラベル］の右側に ▼ が表示されますが、ここをクリックして、表示する項目を制限できます。次の例は、血液型がA，ABの人のみを集計したものです。

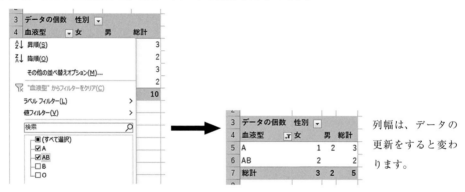

列幅は、データの更新をすると変わります。

　行ブロックには複数の項目をドラッグ＆ドロップできます。次の例は、性別と血液型をともに行ブロックに持ってきたものです。

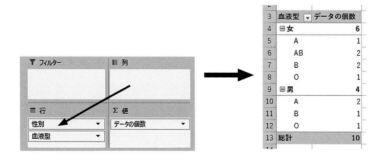

スライサー

　フィルターブロックに項目をドラッグ＆ドロップすることで、ピボットテーブルの集計対象を絞ることができます。次の例は、出身地を神奈川、千葉、東京のみを対象に集計しています。

　しかし、スライサーを使うと、集計対象をボタン表示し、ボタンをクリックするだけで簡単に集計できます。ここでは、出身地が神奈川、千葉、東京に人を対象に集計してみましょう。

(1)　[ピボットテーブル分析] タブの [フィルター] グループより、[スライサーの挿入] を選択して [スライサーの挿入] ダイアログボックスを表示し、「出身地」をチェックして [OK] ボタンをクリックします。

[挿入] タブの [フィルター] グループより、[スライサー] を選択しても表示することができます。

(2)　出身地のスライサーが表示されるので、[複数選択] をONにして「神奈川」、「千葉」、「東京」を選択します。

を使わず、「神奈川」を選択し、[Ctrl] キーを押しながら「千葉」、「東京」を追加する方法もあります。

スライサーのフィルターを解除するには、[フィルターのクリア] ボタンをクリックします。

スライサーの削除は、スライサーを選択し、[Delete] キーを押します。

平均

　これまで作成したテーブルは件数を求めるものでしたが、今度は身長の平均を求めてみましょう。

(1)　現在の表は件数を表示しているので、まず、現在の集計結果をクリアします。値ブロックの「データの個数」をエリア外にドラッグ＆ドロップします。

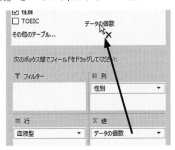

(2) フィールドリストより、「身長」を値ブロックへドラッグ＆ドロップします。

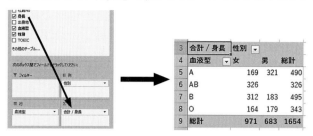

3	合計 / 身長	性別		
4	血液型	女	男	総計
5	A	169	321	490
6	AB	326		326
7	B	312	183	495
8	O	164	179	343
9	総計	971	683	1654

(3) 数値データを操作した場合、最初は合計が表示されます。平均を表示するには、［ピボットテーブル分析］タブの［アクティブなフィールド］グループより、［フィールドの設定］で［値フィールドの設定］ダイアログボックスを表示し、［集計方法］で［平均］を選択します。

［ピボットテーブルのフィールドリスト］の値ブロックにある［合計／身長］ボタンをクリックし、メニューより［値フィールドの設定］を選択してもダイアログボックスを表示することができます。

(4) 平均の数値表示を小数点第1位までに揃えておきましょう。

3	平均 / 身長	性別		
4	血液型	女	男	総計
5	A	169.0	160.5	163.3
6	AB	163.0		163.0
7	B	156.0	183.0	165.0
8	O	164.0	179.0	171.5
9	総計	161.8	170.8	165.4

演習問題

(1) 売上表

以下のリストをもとに、商品ごとの担当者の売上がわかる集計表をピボットテーブルで作成しなさい。

	A	B	C	D	E	F
3		担当者				
商品名		佐藤	山田	大野	田口	総計
5	ステレオ					
6	合計 / 数量	11		42		53
7	合計 / 金額	¥583,000		¥2,226,000		¥2,809,000
8	テレビ					
9	合計 / 数量	86	8	46	216	356
10	合計 / 金額	¥12,900,000	¥1,200,000	¥6,900,000	¥32,400,000	¥53,400,000
11	パソコン					
12	合計 / 数量	27	87	20	26	160
13	合計 / 金額	¥5,670,000	¥18,270,000	¥4,200,000	¥5,460,000	¥33,600,000
14	全体の 合計 / 数量	124	95	108	242	569
15	全体の 合計 / 金額	¥19,153,000	¥19,470,000	¥13,326,000	¥37,860,000	¥89,809,000

値ブロックに「数量」と「金額」を設定しますが、複数の項目を設定すると、列ブロックに［Σ値］ボタンが表示されるので、上の例では、このボタンを行ブロックに移動しています。

(2) 住所録

［氏名］［出身県］［星座］［血液型］［電話番号］のデータを20件以上作成し、行のフィールドに星座、列のフィールドに血液型を指定して、データ件数をカウントしなさい。

第4章　インターネット

　インターネットとは簡単にいうならば「世界中のコンピューターをつなぐコンピューターネットワーク」ということになるでしょう。インターネットは60年代終わり頃に米国において軍事技術として研究が開始された情報ネットワークです。それまでのコンピューターネットワークは中央のセンターコンピューターがあらゆる情報を管理していましたが、このようなしくみでは中央のコンピューターが動かなくなるとたちどころにネットワーク全体がマヒしてしまいます。しかし、無数のコンピューターが相互に接続されたインターネットには中心というものがありません。まるで生き物のように、どこかが壊れても情報は他のコンピューターを迂回して流れ続け、ネットワーク全体としての機能が維持されます。

■ 4.1.1 IPアドレスとドメイン

　世界中のコンピューターが相手を特定して通信を行う場合、相手のコンピューターを唯一に特定できなければなりません。そこでインターネット上のコンピューターを特定するために付けられた番号、すなわちアドレスが必要になります。これがIPアドレス(Internet Protocol Address)です。

　IPアドレスは全部で32bitのアドレス空間を持っており、たとえば202.238.88.206のように表されます。

■ 4.1.2 ホスト名とドメイン名

　一般にインターネット上のコンピューターにはIPアドレスと同時に、わかりやすい名前が付いています。これがホスト名とドメイン名です。たとえば先ほどの202.238.88.206というIPアドレスを持つコンピューターにはpresto.shohoku.ac.jpという名前(フルドメイン名：ＦＱＤＮ(Fully Qualified Domain Name))が付いています。このうち“presto”の部分がホスト名、その後ろの“shohoku.ac.jp”がドメイン名です。つまり、フルドメイン名からホスト名を除いたものがドメイン名となります。

　ドメイン名のいちばん最後の部分をトップレベルドメインといい、gTLD(generic Top Level Domain)とccTLD(country code Top Level Domain)があります。

gTLD

　国籍に関係なく取得できるドメインです。

　　.com commercial　　　商用組織
　　.net network　　　　ネットワーク管理組織
　　.org organization　　非営利組織

が代表的なものですが、その他にも.name(個人名)、.coop(共同組合)、.edu(高等教育機関)など、約20種類のgTLDがあります。

ccTLD

　各国別のトップレベルドメインです。

　　.jp japan　日本　　　　.fr france　フランス　　　　.to tonga　トンガ

等、約250の国が登録されています。

　トップレベルドメインの左側が第2レベルドメイン、さらに左側が第3レベルドメイン・・・となります。

　日本では、トップレベルドメインにjpを使うことが多いわけですが、このJPドメインには、次の3つの種類があります。

属性型JPドメイン名

　第2レベルが組織種別、第3レベルが組織名となっているドメインです。属性型JPドメイン名の分類は9つあります。営利法人用の「co.jp」、非営利法人用・国際機関・外国政府の在日公館の「or.jp」、法人格のない任意団体用の「gr.jp」、多数者向けのネットワークサービスを意味する「ne.jp」、政府組織用の「go.jp」、地方自治体用の「lg.jp」、高等教育機関・学校法人用の「ac.jp」、幼稚園・保育園・小中高校など18歳未満対象の教育機関用の「ed.jp」、JPNIC会員が運用するネットワークが使用する「ad.jp」です。たとえば、「shohoku.ac.jp」 は 「日本の教育機関である湘北」を意味します。

地域型JPドメイン名

　登録者の所在地をもとに、都道府県名、市町村名などで分類されたものです。たとえば、東京都千代田区の青木さんが「aoki」というドメイン名で地域型JPドメイン名を取得すると、その組織のドメイン名は「aoki.chiyoda.tokyo.jp」となります。

汎用JPドメイン名

　「○○○.jp」のように、第2レベルに取得者の希望する名称を登録することができるドメイン名です。最近は、属性型JPドメインの第2レベルをなくし、汎用JPドメインとして登録することも多くなっています。

■ 4.1.3 インターネットにおける注意点

　一般社会と同様インターネット上でも社会を構成しているわけですから、さまざまなルールやマナーがあり、セキュリティーにも十分気をつけて利用することが必要です。これらは、文書にまとめられ公開されていますので、一度アクセスしてみることをお勧めします。

　　　https://www.cgh.ed.jp/netiquette/rfc1855js.txt

上記の他、次のようなサイトもあります。

　　　https://www.soumu.go.jp/main_sosiki/joho_tsusin/security/ （総務省）

　　　https://www.iajapan.org/rule/ （インターネット協会）

一般的な注意事項

　インターネットといえども一般社会の一部です。以下のようなことは慎みましょう。

　　　人を中傷したり、他人の迷惑になるようなことをしない

　　　不用意に自分のプライバシーを明らかにしない

　　　著作権や肖像権などを尊重する

　　　他人が利用中のコンピューターを勝手に利用しない

インターネット特有の注意点

　一方でインターネットには特有の注意すべき点もあります。

▢機種依存文字や半角カナを使用しない

　たとえば⑦のように丸の中に数字のあるものやローマ数字、電話のマークなどは特定の機種にしか存在しない文字です。また半角のカナについても使用は認められていません。

▢コンピューターウィルスに気をつける

　怪しいファイルをダウンロードしたり、まったく知らない人からのメールを受信したりする場合は注意しましょう。ウィルスを持ち込んでしまうと多くの人に迷惑をかけてしまいます。

セキュリティーに関する注意点

☐ネットワーク上のほかのコンピューターに勝手にアクセスしない

　皆さんが使うコンピューターはネットワークを通じて世界中のコンピューターにつながっているといえます。軽い気持ちで侵入を試みたりすると、大きな問題になることもあります。注意しましょう。

☐パスワードをきちんと管理する

　パスワードは他人に知られないよう、かつ自分でも忘れてしまうことがないように管理しましょう。自分で忘れないようにメモを作成した場合は、他人に見られることのないよう、厳重に保管するよう心がけましょう。また、パスワードは複数のサービスで使い回さないようにしましょう。あるサービスから流出したアカウント情報を使って、他のサービスへの不正ログインを試す攻撃の手口が知られています。なお、利用するサービスによっては、パスワードの定期的な変更を求められることもありますが、パスワードがサービス側から流出した事実がなければ、パスワードを変更する必要はありません。

4.2　電子メール

　電子メールはインターネット上の郵便システムといえるものです。個人から個人にテキストやデータを送受信することができます。Eメールとも呼ばれます。

■ 4.2.1　電子メールのしくみ

　A君はメールサーバXを利用し、B君はメールサーバYを利用しているとします。ここでは、メール配信の最も一般的な、ＳＭＴＰ(Simple Mail Transfer Protocol)とＰＯＰ(Post Office Protocol)によるシステムについて説明します。

　メールサーバは

　　　ＳＭＴＰサーバ　：ユーザから指示のあったメールを配信する

　　　ＰＯＰサーバ　　：届いたメールを蓄積しておく

の2つのサーバから構成されます。

　下の図は、A君からB君へ向けてメールが配信されていく様子を示しています。

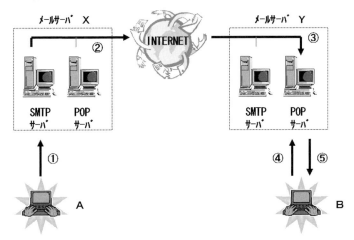

①　A君は自分用のメールサーバXのSMTPサーバに向けてメールを発信します。

②　SMTPサーバはメールの宛先をチェックし、メールサーバYに向けて、そのメールをインターネット網に送り出します。

③　メールはインターネットを経由し、目的のメールサーバYのPOPサーバに届きます。

④　B君は自分にメールが届いているか、自分用のメールサーバYのPOPサーバをチェックします。

⑤　もし、B君にメールが届いていれば、POPサーバよりメールが自分のパソコンに送られます。

4.2.2 電子メール利用上の注意点

　電子メールは簡単な操作で即座に配信されるため、会話のように気軽に楽しむことができますが、顔の表情や声の調子が一緒に伝わる会話と違い、文字だけによる通信ですから、メッセージがどのように相手に受け取られるかには十分に注意する必要があります。書面による通信と同じくらい慎重な心遣いを大切にしましょう。

メール送信時の注意

☐題名(タイトル、件名、サブジェクト)のつけ方

　電子メールの題名は、その内容が一目でわかるように、簡潔なものにするように心がけましょう。

☐一行の文字数は漢字で30~35文字程度にする

　システムによっては一行の文字数が40字程度しか表示できないものがあります。電子メールでは受取ったメールを引用して返事を書く習慣がある事からも、30~35文字程度で改行しましょう。

☐最後にシグネチャ(署名)を付ける

　メールの最後には4行程度でシグネチャをつけましょう。自分の氏名、所属、メールアドレスなどを入れるとよいでしょう。しかし、自分のプライベートな住所や電話番号は入れるべきではありません。

☐大きなメールを送らない

　電子メールのシステムはあまり大きなデータを送るようにはできていません。添付データを送信する際は注意しましょう。特に写真や動画のデータはそれだけで莫大なデータ量となるので、添付の際には注意が必要です。

メール受信時の注意

☐不要なメールは適時削除する

　受信したメールはメールサーバと呼ばれるコンピューターに保存されます。ここに保存できるメールの容量は通常は上限が設けられています。仮に最大2Gバイトとすると、漢字で約10億文字に相当することになります。かなり多いように感じるかもしれませんが、使い続けているうちにやがていっぱいになってしまいます。

　もし、たまった受信メールが2Gバイトに達してしまうと、メールの使用ができなくなったり、メールの調子がおかしくなったりします。日頃からそうならないように、不要なメールはPOPサーバから削除しましょう。残しておきたい内容なら、USBメモリなどに保存したうえで削除します。

☐添付ファイルは不用意に開かない

　コンピューターウィルスの多くは、メールにファイルを添付することで送られてきます。メールを開封した途端、あるいはプレビューしただけで、添付ファイルが自動的に実行され、ウィルスに感染することもあります。

☐フィッシング詐欺に気をつける

　有名企業をかたったメールを送信して偽のウェブサイトへ誘導し、そこで入力されたIDやパスワード等を盗み取る手口をフィッシング詐欺といいます。メール文中のリンクをクリックせずに、検索エンジンなどから送信者となっている組織の公式サイトを調べ、該当する案内情報が掲示されているか確認しましょう。

☐架空請求は無視する

　「契約した覚えのない料金を請求するメールが送られてきた」「インターネットで動画を見ようとしたら入金手続を強要する画面が表示された」など、架空請求(いわゆる「ワンクリック詐欺」等を含む)に関する被害が増大しています。身に覚えがなければ、無視するのが一番です。心配であれば、送られてきたメールの件名や内容の一部で検索してみましょう。この種のメールは不特定多数に大量に送っているので、詐欺メールの報告が見つかるはずです。

■ 4.2.3 「メール」アプリ

Windows11では、Wordに似たメニューで編集ができるメールアプリが用意されています。ここでは、Microsoftアカウントを使って、メールアプリの使い方を説明します。

メールアプリの画面構成

■ 4.2.4 初期設定

署名の登録

メールを送信する場合、メール本文の最後には必ず署名を書くのがエチケットです。しかし、毎回メールを書くたびに署名を記入するのでは大変なので、自動的に署名が付くように設定しておきましょう。

⚙ [設定] − [署名] で [電子メールの署名を使用する] をオンにして、下の欄に署名を入力します。

署名には少なくとも、名前、メールアドレスを記入しましょう。

送信形式

メールアプリでは、フォントの大きさや色を変更したり、段落付けをしたりといったことが、Wordに似たリボンメニューで簡単に設定できます。ただし、送信形式がHTML形式（「第5章Webサイト作成」参照）となるので、相手のメールソフトがHTML形式に対応していない場合、うまく表示されない可能性があることに注意してください。

■ **4.2.5 基本機能**

メールの送信

　新しくメールを作成して送信するには次のようにします。

(1)　［メールの新規作成］をクリックします。

　　　署名が登録してある場合、メッセージ欄にはすでに署名が入力されています。

　　　上の例では、CCとBCCの入力欄も表示しています。

(2)　「宛先:」や「CC:」欄に送りたい相手のメールアドレスを入力します。

　　　　宛先　　：少なくとも1つのアドレスをここに記入します。

　　　　ＣＣ　　：Carbon Copyの略です。返信は不要なのだが、一応メールに目を通しておいてほしい場合、
　　　　　　　　　CCとしてメールを送信します。

　　　　ＢＣＣ　：Blind Carbon Copyの略です。送ったメールには、誰にコピーを送ったかという情報が自
　　　　　　　　　動的に付けられるので、それを受け取った人もコピーの配布先を知ることができます。し
　　　　　　　　　かし、BCCで指定した配布先の情報は、メールに付加されません。メールアドレスを秘守
　　　　　　　　　できる他、多くの相手に一括送信する場合などは、受け取る相手のメールの量を減らすこ
　　　　　　　　　とができます。

(3)　［件名］の欄にこのメールの見出しを入力します。

(4)　メールの本文を署名の上に書きます。

　　　　メッセージを作成するウィンドウの［書式］タブを使用し、Word同様に［太字］、［斜体］や各種フォ
　　　　ントの設定ができます。また、［挿入］タブを使用して、ファイルを添付したり、表や画像を挿入で
　　　　きます。

(5)　本文を書き終えたら、▷送信 ［送信］ボタンをクリックすると、メッセージが送信されます。

メールの受信

　自分宛に送信されてきたメールは、一旦、メールサーバに保管されます。メールの受信は、そのメー
ルサーバからデータを取り出す操作になります。

(1)　メールアプリでは、メールが届くと自動的に「受信トレイ」に件名が表示されますが、何らかの理
　　由で自動受信できない場合は、⟳ ［このビューを同期］をクリックします。

　　　　同時に、メールの送信もおこなわれます。

(2)　受信トレイ をクリックすると、届いたメールの件名が表示されるので、見たい件名を指
　　定すれば内容を確認できます。

　　　　未読メールは件名の左側に青色の太いバーが表示され、件名も青文字で表示されます。一度開くと、
　　　　既読メールとなり、解除されます。

メールの返信

新しいメールを書き始める場合とは別に、受け取ったメールへの返事(リメール)を簡単に書く方法があります。

(1) 返事を書きたいメールを選択します。

(2) 返信 [返信] をクリックします。

　　受信したメールがCC等で複数の人に配信されていて、その人たち全員にメールを返信したい場合は、
　　全員に返信 [全員に返信] をクリックします。

(3) [宛先:] と [件名] 欄は、すでに適切なアドレスや件名が設定されています。もし必要があれば、
さらに情報を付け加えたり、変更することもできます。

(4) 元のメールが本文中に挿入されるので、それに返信の文章を追加した後、送信します。

メールの削除

(1) 削除したい件名を選択し、[Delete] キーを押す、または、件名の右にある 🗑 やメール本文の上
部にある 🗑 破棄 [破棄] をクリックします。

　　メールが [その他] – [ごみ箱] に移されますが、この段階では、まだ [ごみ箱] より復元するこ
　　とが可能です。

(2) [ごみ箱] を右クリックし、「フォルダーを空にする」を実行します。

4.3　WWW

　WWWとは、World Wide Webすなわち、世界中にくもの巣のように広がったネットワークを意味します。このネットワークには情報公開を目的として、非常に多くのWWWサーバ、すなわちWebサイト公開用のサーバが稼動しています。Webサイトへのアクセスとは、インターネットを利用してこれらさまざまなサーバにアクセスすることにほかなりません。このWebサイトアクセスのために利用するソフトをWebブラウザーあるいは単にブラウザーと呼びます。

■ 4.3.1　WWWのしくみ

URL

　Webサイトへのアクセスとは、世界中で無数に稼動しているWebサイト公開用のコンピューター（WWWサーバ）上に配置されているファイルにアクセスすることを意味します。

　非常にたくさん存在するコンピューターには、別々のIPアドレスが割り振られていますので、そのIPアドレスを直接指定すれば目的のWWWサーバを特定できます。しかし、人間にとって、単なる数値の羅列を入力してアクセスするのは非常に不便です。そこで、通常は、IPアドレスと一対一に割り振られた名前（ドメイン名）を利用します。このように、サーバに名前を付けて管理するシステムをDNS（Domain Name System）といいます。

　DNSを利用すると、WWWサーバ上の特定のファイルは、

　　　http://www.yahooo.co.jp/index.html

のように指定することができます。このようなアドレスをURL（Uniform Resource Locator）といいます。URLの書式は次のような意味を表しています。

http	接続プロトコル
www.yahoo.co.jp	WWWサーバのアドレス
index.html	サーバ上のファイル

　Webサイトを見るためには、Webサイトアクセス用のアプリ（Webブラウザー）を起動し、WebブラウザーでURLを指定することになります。

プロトコル

　プロトコルとは、ネットワーク上のさまざまな通信機器が、おたがいにやり取りをするための通信規則のことです。このうち、WebブラウザーがWWWサーバとやり取りをするときのプロトコルをHTTP（Hyper Text Transport Protocol）といいます。プロトコルには、その他にファイル転送用のFTP（File Transfer Protocol）やメール配信のためのSMTP（Simple Mail Transfer Protocol）など、目的に応じたさまざまなプロトコルが存在します。

HTML

　Webサイト用に記述されたデータはファイル名が「～.html」や「～.htm」でWWWサーバに配置されています。このようなデータはHTML（Hyper Text Markup Language）と呼ばれる形式で記述されており、ブラウザーは受け取ったHTMLファイルを処理して画面に表示します。

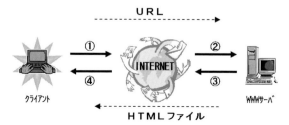

① クライアント側でブラウザーを起動し、URLを指示すると、ブラウザーはDNSを利用して指示されたURLからIPアドレスを求め、目的のWWWサーバに向かってデータを要求します。

② この要求が目的のWWWサーバに受理されます。

③ WWWサーバは要求のあったクライアントに向けてHTMLファイルを送出します。

④ クライアント側では受け取ったデータを元に、ブラウザーでデータを表示します。

このとき、HTMLファイルに画像データが必要である旨の記述がある場合は、再度WWWサーバに向かって、必要なデータを要求し、すべてデータが揃うと、ビジュアル化して表示します。

■ 4.3.2 Webブラウザー

Windows11に標準で用意されているWebブラウザーはマイクロソフト社のMicrosoft Edgeですが、その他にも、Google Chrome や Firefox をはじめ、非常にたくさんのWebブラウザーがあります。ここでは、Microsoft Edge を例に、Webサイトの利用方法を説明します。

Microsoft Edge の操作

URLを入力してページを表示するには、アドレスバーを使用します。

最初の "https://" は省略して入力することができます。

アドレスバーにキーワードを入力して検索することもできます。キーワードをスペースで区切って入力するとAND検索となり、より目的に近い検索結果を表示することができます。

さらに、新しいサイトを表示するには、 + をクリックし、新しいタブを作成します。

ツールバーの各ボタンの意味は次のとおりです。

← [戻る]：一つ前に見ていたページに戻ります。

→ [進む]：[戻る] ボタンで前のページを表示しているとき、もとのページに進みます。

× [中止]：現在読み込み中のページのデータ転送を中止します。

C [更新]：ページを最新の情報に更新します。

以下のボタンを表示するには、ボタン … [設定など] をクリックし、[設定]－[外観]で表示するボタンをONにします。

⌂ [ホーム]：設定画面で [ボタンのURLを設定] で指定されたサイトを表示します。

☆ [このページをお気に入りに追加]：ページを登録します。

☆ [お気に入り]：登録したページをすぐに開くことができます。

⊞ [コレクション]：Webページや画像、テキストなどをクリッピング(切り抜いて保管)できます。

「お気に入り」と異なり、ホームページ内の文章や画像を一覧にしたり、メモを追加したりできます。

⟳［履歴］：過去にアクセスしたページを再表示することができます。

↓［ダウンロード］：過去にダウンロードしたファイルの履歴を確認できます。

画像の利用

　表示しているWebページに利用したい画像があった場合、次の操作で保存することができます。(画像の利用は著作権に十分注意してください)

(1)　画像を右クリックしてショートカットメニューを表示させます。

(2)　ショートカットメニューより［名前を付けて画像を保存］を選択します。

(3)　保存場所を指定し、［保存］ボタンをクリックします。

> ファイル名にはサイトの制作者がつけたものが表示されていますが、必要があれば修正します。
>
> ファイルの種類は通常はそのままにしておきます。

◾ 4.3.3　サーチエンジン

　インターネット上には無数のWebサイトがあります。その中から自分の必要なサイトを探し出してくれるのがサーチエンジンです。Windows11でデフォルトのブラウザーであるMicrosoft Edge では標準でBingというサーチエンジンが用いられています。

> Bing(ビング)　　　https://www.bing.com/

　サーチエンジンにはその他にも

> Google(グーグル) https://www.google.co.jp/
>
> Yahoo(ヤフー)　　 https://www.yahoo.co.jp/

などがあります。それぞれに特色がありますので必要に応じて使い分けるとよいでしょう。

演習問題

(1)　自分の生まれた(市、町、村)地域について、インターネットを利用して次のことを調べなさい。

> 人口、　面積、　名所、　特産物、　おいしい食べ物屋

(2)　自分の最寄り駅から、任意の県の県庁所在地に最も近い駅までの経路と運賃を調べなさい。また、6:00に自宅の最寄り駅を出た場合、目的地に何時に到着するか調べなさい。

第5章　Webサイト作成

インターネット利用人口の増加により、どの企業も自社のWebサイトを持つのが普通になってきました。また、個人でWebサイトを開設する人も多くなっています。一見、難しそうに見えるWebサイトの作成ですが、プログラミングと異なりHTMLと呼ばれる仕様に従って記述していけば、誰でも簡単に作成可能です。

ブラウザーに表示される1つのページを「Webページ」、Webページが集まったひとまとまりのWebページ群を「Webサイト」、Webサイトで最初に表示されるトップページを「ホームページ」といいます。

5.1　HTML

5.1.1　HTMLとは

WebページはHTML（Hyper Text Markup Language）と呼ばれる記法に従って、テキストファイルを作成し、これをMicrosoft EdgeやGoogle Chromeなどのブラウザーで読み込んで、画面に表示させたものです。このHTMLは、構造化した文書を表すための言語であるSGML（Standard Generalized Markup Language）を基礎としたものです。

HTMLで作られた文書はドキュメント構造を持っています。たとえば、文書の中の記述は、ヘッダ、タイトル、見出し、段落、リスト、図などの要素に分けることができ、それらを記述する記号があります。HTMLではこの要素を表す記号をタグと呼びます。

タグは半角の英文字を使って書き、常に「<」と「>」によって前後をサンドイッチにされてほかの要素と区別されます。タグの基本形は次のような形式をとります。

　　　〈tag〉〜〈/tag〉

〈tag〉と〈/tag〉に挟まれた部分のテキストがそのタグの影響を受けます。このようにタグで挟み込んで指示を出すため、HTMLはマークアップ言語と呼ばれます。しかし、種類によっては終わりのタグがいらないものや、ほかのタグの間だけで働くもの、オプションをつけて細かい値を設定できるものなどがあります。

こうしてHTML規則に従い、タグを使って書いたテキストファイルは ".html" や ".htm" という拡張子を付けて保存します。このHTMLファイルをブラウザーを使って読み込めばタグで設定されたように、テキストや画像が表示されます。

HTMLは何でもできるような言語ではありません。かなり制限されたページ記述言語といえますが、そのかわり非常に簡単で、誰でも習得することができます。

◆練習

　・表示された任意のWebサイトを右クリックし、ショートカットメニューより［ページのソース表示］
　　（Microsoft Edgeの場合）を選択して、そのWebサイトのHTMLを確認してみましょう。
　　　　　　どのようなタグがありますか？

5.1.2　HTMLファイルの基本形

HTMLの仕様は、さまざまな改良を加えられ、年とともに変化しています。本書では、2014年に発表されたHTML5のバージョンを取り上げています。仕様自体は、2019年にHTML Living Standardが勧告されましたが、大きな違いはありません。

HTML5ではタグに大文字と小文字を区別しません。どちらで記述してもよいのですが、HTML5が出る前の推奨規格だったXHTMLでは小文字のみ使用可となっていたこともあり、本書では、タグを小文字で記述することにします。

HTMLの基本構造

```
<!DOCTYPE html>
<html>
  <head>
    <meta charset="UTF-8">
    <title>はじめてのHTML</title>
  </head>
  <body>
    <p>これからHTMLの勉強をします。</p>
  </body>
</html>
```

□DOCTYPE宣言

　このページは「HTML○バージョンの仕様に基づいて記述しています」という宣言のことですが、HTML5以降ではHTMLコードの一番最初に`<!DOCTYPE html>`とだけ記述します。

□html要素

　一般にHTML文書は、要素の組み合わせで表現されます。要素とは、タグでマークアップされた範囲のことです。一番外側がhtml要素。その内側に、head要素とbody要素が1つずつ配置される構造をとります。

```
<html>
  <haed>
    <!-- head要素 -->
  </head>
  <body>
    <!-- body要素 -->
  </body>
</html>
```

□head要素

　head要素には、その文書に関する情報を記述します。meta要素とtitle要素が代表的なものです。
　　meta要素　：そのファイルで使っている文字コードや作者の指定
　　title要素　：その文書のタイトル
例ではmeta要素で文字コードをUTF-8に、title要素でタイトルを「はじめてのHTML」としています。

□body要素

　body要素に、文書の本文を記述します。例のようにp要素（段落）で文章を記載していくのが普通です。

■ 5.1.3 HTML文書の作成と表示

　Webサイトの作成は、HTMLファイルを作りながら、つねにブラウザーでその表示結果を確認していくという作業になります。ブラウザーには文書の更新（Reload）機能があるので、内容を変更したらブラウザーの［更新］ボタンをクリックし、最新の文書の結果を表示していきます。

HTML文書の作成

　画面にHTMLファイル入力用のエディタ(たとえばメモ帳)と、ブラウザー(たとえばMicrosoft Edge)を同時に表示させて、タグの効果を逐一確認しながら、HTMLファイルを作成していきます。

　HTMLファイルをエディタで打ち込み、ファイル名 "index.html" で保存します。通常、Webサイトを開くのは「http://〜」なるURLを指定しますが、自分で用意したHTMLファイルを表示させるには、エクスプローラーで該当のファイルをブラウザーにドラッグ＆ドロップするか、ファイル名を右クリックして、ショートカットメニューの［プログラムから開く］で開きたいブラウザーを指定します。

　　　　HTML文書は、ブラウザーにHTML文書であることを判断させるために.html(または.htm)という名前の拡張子を付けて保存します。

◆練習

　・エディタで、上記の内容を「index.html」で作成し、ブラウザーで表示させてみましょう。

　　　　⟨title⟩タグで挟まれた内容が、タイトルバーに表示されていることを確認します。

　　　　⟨p⟩タグで挟まれた内容が、本文としてそのまま表示されます。

■ 5.1.4 HTML文書構造化のための要素

　先の例では、body要素に⟨p⟩のみを記しましたが、ほかにも文書の構造を記すたくさんの要素を記述できます。エディタとブラウザーで各要素の効果を確認しながら、その働きについて見ていきましょう。

```
<h1>Webサイト作成</h1>
<p>これからHTMLの勉強をします。<br>
タグを利用すれば、簡単に<mark>構造化</mark>された文章を記述できます。</p>
<p>body要素内には、見出し要素、段落要素、アドレス要素等、<strong>文章の構造を記す要素</strong>を記載します。
</p>
<hr>
<address>mail-address:xxx@ooo.ac.jp</address>
```

□見出し要素　headings <h1>…</h1>〜<h6>…</h6>

　大見出し〜小見出しまで6段階の設定をh1〜h6で記述します。ブラウザーによっては、見出しのレベルが大きいほど文字が大きくなりますが、見出し要素はあくまでも見出しの階層を表現するための要素であり、文字を大きくする要素ではありません。文字の大きさはCSSというしくみで変更するべきです。例では、第1レベルの見出しを設定しています。

□段落要素　paragraph <p>…</p>

　HTML文書では、文章を段落という概念でとらえます。この概念に対応するものが段落要素です。⟨p⟩と⟨/p⟩で挟まれた文章は、1つの段落と考えられ、最後には改行が行われます。

**□br要素　break
**

　HTML文書では、文章の途中で改行を行いたい場合、元のHTMLテキストのほうを改行しても、無視されてしまいます。文や段落の途中で強制的に改行させる場合は、改行させたい場所に⟨br⟩と記述します。

　この要素は開始タグのみで終了タグが存在しません。このような要素のことを空要素と呼びます。

□hr要素　horizontal <hr>

テーマや話題の区切りを表す場合にhr要素を用います。hr要素には水平線の定義はありませんが、多くのブラウザーでは、水平線（横線）として表現されています。

□strong要素　strong …、mark要素　mark <mark>…</mark>

強い重要性を表す場合にはstrong要素を、ユーザーが参照しやすいように目立たせたい場合はmark要素を用います。意識的に斜体や太字を設定する場合はCSSで指定します。

□アドレス要素　address <address>…</address>

HTML文書で記述しておくべき内容として、文書責任者への連絡先があります。HTML文書で、連絡先の概念を意味する要素がアドレス要素です。ブラウザーでは、やや小さめの文字に斜体で表示されることが多いようです。

■ 5.1.5 ハイパーリンク

WWWの最大の特徴がハイパーリンク機能です。HTMLのリンク機能により、各種ページへ張られたリンクをたどっていくのは、とても楽しいものです。ところで、ブラウザーで1枚のページを表示するには、1つのHTMLファイルが必要です（必ず必要とは限らない）。つまり、ページのある部分をクリックして別のページを表示させるには、その別ページのHTMLファイルも用意しておく必要があるわけです。ここでは、index.htmlファイルから、

　　「タグ」をクリックしたら、tag.htmlへ

　　「見出し要素」をクリックしたら、headings.htmlへ

と各ページが表示されるように、あらかじめ、2つのファイルを作っておきます。

・tag.htmlファイル

```
<!DOCTYPE html>
<html>
  <head>
    <meta charset="UTF-8">
    <title>タグ</title>
  </head>
  <body>
    <p>タグを用いることで、簡単に構造化された文書を作成できます。</p>
  </body>
</html>
```

・headings.htmlファイル

```
<!DOCTYPE html>
<html>
  <head>
    <meta charset="UTF-8">
    <title>見出し要素</title>
  </head>
  <body>
    <h1>見出し要素</h1>
    <p>HTMLでは、6階層の見出し要素が用意されています。</p>
  </body>
</html>
```

・index.htmlファイルは次のように変更します。

```
<!DOCTYPE html>
<html>
  <head>
    <meta charset="UTF-8">
    <title>はじめてのHTML</title>
  </head>
  <body>
    <h1>Webサイト作成</h1>
    <p>これからHTMLの勉強をします。<br>
    <a href="./tag.html">タグ</a>を利用すれば、簡単に<mark>構造化</mark>された文章を記述できます。</p>
    <p>body要素内には、<a href="./headings.html">見出し要素</a>、段落要素、アドレス要素等、<strong>
    文章の構造を記す要素</strong>を記載します。</p>
    <br>
    <p>HTMLの策定は<a href="https://www.w3.org/">W3C</a>がおこなっています。<p>
    <hr>
    <address>mail-address:<a href="mailto:xxx@ooo.ac.jp">xxx@ooo.ac.jp</a></address>
  </body>
</html>
```

この例では、4か所にハイパーリンクを設定しています。

□a要素　anchor <a href="リンク先情報">…</a>

href="リンク先情報"の部分を「a要素の属性」と呼びます。この属性の値がリンク先文書の所在地を指し示しています。

絶対URL

href="https://www.w3.org/" の指定は絶対URLと呼ばれ、WWW上の一意のURLを指定します。

相対URL

href="tag.html" や href="headings.html" のように、同一サイト内のリンクに適用される場合、相対URLと呼ばれます。当該文書のあるフォルダーにリンク先のHTMLファイルも存在する場合、ファイル名の前に ./ を付し、同じフォルダー内にあることを示します。

> 当該文書の存在するフォルダーをカレント・ディレクトリと呼びます。相対URLはカレント・ディレクトリからの相対位置を指定するしくみです。
>
> ディレクトリ間の区切り文字はスラッシュ /
>
> カレント・ディレクトリはピリオド1つ .
>
> 一つ上のディレクトリはピリオド2つ ..
>
> 上記の組み合わせでファイルの存在場所を指定します。

メールアドレスへのリンク

a href="mailto:xxx@ooo.ac.jp" のように、メールアドレスへのリンクは、属性値として、メールアドレスの前にmailto:を付け加えたものとなります。

メールアドレスの公開は迷惑メールの大量受信を許容することを意味します。それを受け入れる人以外はメールアドレスを公開すべきではありません。

■ 5.1.6 箇条書き

項目を箇条書きにするときは、少し字下げをして、文字の前に通し番号を付けたり、マークを付けたりします。HTMLにはこのためのタグ（リストタグ）が用意されています。

tag.htmlファイルを次のように変更します。

```
<body>
  <p>タグを用いることで、簡単に構造化された文書を作成できます。</p>
  <p>たとえば、順番付き箇条書きは、次の要素で構成されます。</p>
  <ol>
      <li>ol要素</li>
      <li>li要素</li>
  </ol>
</body>
```

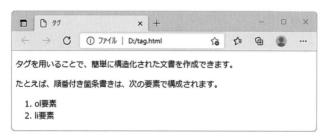

□li要素　list <li>…</li>

ol要素やul要素とあわせて用いられます。箇条書き1つごとにli要素でくくります。

□ol要素　ordered list <ol>…</ol>

子要素としてli要素のみを持ち、<li>…</li>で記載された分だけ番号付き箇条書きで表示されます。

□ul要素　unordered list <ul>…</ul>

子要素としてli要素のみを持ち、<li>…</li>で記載された分だけ箇条書きで表示されます。

■ 5.1.7 表組み

　項目ごとにデータを羅列する場合、単に文字をスペースで区切って記述するよりも、表組の形にすると、スマートに表現できます。

　ここでは、headings.htmlに表組みを追加してみましょう。次の例で確認してください。

```
<body>
  <h1>見出し要素</h1>
  <p>HTMLでは、6階層の見出し要素が用意されています。</p>
  <table border="1">
  <caption>見出し要素</caption>
  <tr><th>要素名</th><td>意味</td></tr>
  <tr><th>h1</th><td>レベル1(章)</td></tr>
  <tr><th>h2</th><td>レベル2(節)</td></tr>
  <tr><th>h3</th><td>レベル3(項)</td></tr>
  <tr><th>h4</th><td>レベル4</td></tr>
  <tr><th>h5</th><td>レベル5</td></tr>
  <tr><th>h6</th><td>レベル6</td></tr>
  </table>
</body>
```

□table要素　table <table>…</table>

　テーブルは行(row)と列(column)で構成されます。各行をtr要素(table row)で囲み、各データセルはtd要素(table data)でかこみます。また、セル内の見出しをth要素(table headings)で特別に扱うことができます。

　ここではborder属性を指定して罫線が表示されるようにしていますが、HTML5ではborder属性の使用を推奨していません。本来、罫線のデザインはCSSで指定するべきものだからです。

　表題を設定するには、caption要素を使います。

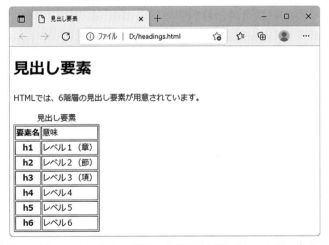

　タグの記述を工夫すると、かなり複雑な表組みも可能です。ただ、自分でタグを記述して複雑な表を作るのは時間のかかる作業でもあり、通常はWebサイト作成支援ソフトを使います。また、WordやExcelのようなアプリケーションでも表組をそのままHTML形式で出力できます。

◆練習

　・index.htmlの「段落要素」と「アドレス要素」も解説用のHTML文書を作成し、リンクを張りなさい。

▣ 5.1.8 画像

WWWで絵や写真などのグラフィックを表示するには、HTMLファイルとは別に画像ファイルが必要になります。

画像データの種類

画像をビットマップ形式（拡張子.bmp）と呼ばれるWindowsの標準形式で保存した場合、画像ファイルはRGBの色データが無圧縮の状態で保存されるため、ファイルサイズがかなり大きくなります。Web上でこのファイルをそのまま使用すると、転送に時間がかかり、ネットワークのトラフィックを増加させる一因にもなります。そこで、ネットワークで画像を扱う場合は、圧縮した画像ファイルを作成して使用します。

圧縮の方法は非常にたくさんありますが、たとえば、次のようなものです。

> ブルーのデータが横に100ピクセル続いたとすれば、BBB……BBBとブルーを表すデータを100回（100バイト）連続して書く必要があります。しかし、B100と書けば、わずか4バイトで同じ情報を記録できます。

圧縮方法のうち、Webでよく用いられるのは、GIF、JPEG、PNGの3方式です。

▢GIF（Graphics Interchange Format）

GIFファイルは256色でしか表現できないという制限があるため、複雑な写真や絵などの表示にはあまり適していません。そのため、ロゴ、アイコン、ラインイメージなど比較的シンプルな画像で用いられます。

画像をジワジワと表示するインターレースGIFや、パラパラ漫画の要領でアニメーション効果を持たせるアニメーションGIFを作成できます。

▢JPEG（Joint Photographic Experts Group）

フルカラー画像のまま保存することができますが、画像情報の一部を削ることによって圧縮しているため、ロゴなどの線のはっきりした画像だとにじみが生じてしまいます。保存時に圧縮率を指定できるので、画質優先か容量優先かを考えて保存できます。

効率的な画像表示を行うために、プログレッシブJPEGが開発されました。プログレッシブJPEGには、インターレースGIFよりもスムースにジワジワ表示する効果があります。

▢PNG（Portable Network Graphics）

PNGの色数は、1ピクセルあたりのビット数として、48ビットまで割り当てることができます。一般にTrueColorと呼ばれているものは24ビットです。GIFは8ビット（256色）です。また、PNGの最も大きな特徴として、画像の劣化がありません。そのほか、アニメーション効果や1つの画像に複数の透明度を持たせる事ができる（GIFは1つだけ）などの機能もあります。

○画像形式の違い

画像形式	JPEG	GIF	PNG
画質の劣化	不可逆圧縮（画質劣化あり）	可逆圧縮（画質劣化なし）	可逆圧縮（画質劣化なし）
圧縮率指定	○	×	×
最大色数	1667万色（24bit）	256色（8bit）	1667万色（24bit）理論上48bitまで可能
透過処理	×	○	○
アニメーション	×	○	○
徐々に表示	○	○	○

画像の用意

⑴ ペイントを起動し、[ファイル] タブ −[画像のプロパティ]で、[イメージのプロパティ]ダイア
　ログボックスが表示されるので、[幅]と[高さ]を100に設定し、[OK]をクリックします。

⑵ 適当に絵を描き、ファイル名nigaoe、ファイルの形式GIFで保存します。

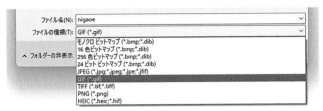

　　JPEGやPNG形式でもかまいませんが、ペイントで描いたようなべた塗りの絵はGIFの方が効率よく
　　圧縮できます。なお、JPEG形式で保存する場合、ペイントでは圧縮率の指定はできません。

⑶ 次のような注意が表示されますが、そのまま[はい]をクリックします。

　　ペイントで作成した画像は標準で24ビット（約1,600万色）です。GIFは8ビット（256色）しか表現でき
　　ないため、色によっては情報が失われる可能性があるので上記のようなメッセージが出たわけです。

画像の利用

　ここでは、index.htmlに上で作成した、nigaoe.gifを表示してみます。index.htmlに次のようなテキス
トを追加します。

```
<hr>
<p><img src="nigaoe.gif" alt="似顔絵"></p>
<address>mail-address:<a href="mailto:xxx@ooo.ac.jp">xxx@ooo.ac.jp</a></address>
</body>
```

□img要素　image <img src="画像ファイル名" alt="画像の説明文">

　img要素は画像を挿入する要素です。空要素であり、body要素の中に直接書くことはできません。見
出し要素、段落要素、アドレス要素など、文字を記述できる要素の中に記述します。

　画像の挿入のためには、挿入する画像のファイル名と、画像ファイルが読み込めなかったときのため
の代替テキストを指定します。これらはimg要素のsrc属性とalt属性で指定します。なお、src属性は必
須です。

◆練習

　・アニメ系（べた塗り）の絵と写真をbmp形式で用意し、グラフィックツールでそれぞれ
　　　　JPEG（圧縮レベル90%、50%、10%）、GIF、PNG
　　の5枚の画像を作成し、データ量と画質がどのように変化するか確認しなさい。
　　また、その結果をweb上に表示しなさい。

5.2　サーバへの登録

　HTMLファイルが完成したら、いよいよWebサイトの公開です。

　Webサイト公開用のコンピューターをWWWサーバと呼びますが、Webサイトを公開することは、作成したファイルをWWWサーバに転送することにほかなりません。

　作成したファイルをサーバへ転送するにはFTPを使用します。WindowsにはFTPコマンドが標準で付属しているので、これを利用することもできますが、ファイルの量が多くなると大変です。ここでは、エクスプローラーでFTPを利用する方法を説明します。

⑴　エクスプローラーの画面で ▢ PC を右クリックし、［ネットワークの場所を追加する］をクリックします。

⑵　ネットワークの場所の追加ウィザードが開くので、［次へ］をクリックします。

⑶　ウィザードで［カスタムのネットワークの場所を選択］を選択し、［次へ］をクリックします。

⑷　ftp:// に続けてWWWサーバのアドレスを入力し、［次へ］をクリックします。

左の例は、WWWサーバの
アドレスが、
　ftp.shohoku.ac.jp
の場合です。

⑸　［匿名でログオンする］のチェックをOFFにし、ユーザー名を入力して［次へ］をクリックします。

⑹　既定では、ショートカットの名前はWWWサーバ名と同じになります。別の名前を付ける場合のみ、入力欄に名前を入力します。［次へ］をクリックします。

(7) ネットワークの場所の追加ウィザードの完了画面が表示されるので、［完了］をクリックします。

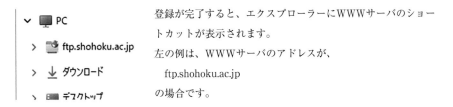

登録が完了すると、エクスプローラーにWWWサーバのショートカットが表示されます。

左の例は、WWWサーバのアドレスが、

　ftp.shohoku.ac.jp

の場合です。

(8) WWWサーバへの最初の接続では、パスワードの入力を求めるプロンプトが表示されます。

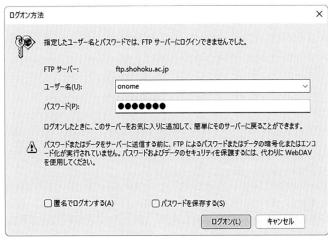

いつでもそのサイトに直接接続できるようにパスワードを記憶させておくには、［パスワードを保存する］をチェックしておきます。

(9) WWWサーバの内容が表示されるので、別途、エクスプローラーで転送したいファイルを表示し、ドラッグ＆ドロップでWWWサーバにファイルを転送します。

5.3 CSS

　HTML文書ではタグを用いて、文書の構造を表現しています。どのようなブラウザーで閲覧しても、文書の意味はタグで記載したとおりに表現できます。しかし、文字の色やフォントのデザインなどは、文書の構造とは関係ありませんから、HTML文書には記述されていません。HTML文書に対し、このような「修飾」に関する定義をおこなうのがCSS（Cascading Style Sheet）です。

■ 5.3.1 CSSの構成

index.htmlを次のように変更します。

```
<!DOCTYPE html>
<html>
  <head>
    <meta charset="UTF-8">
    <title>はじめてのHTML</title>
    <style>
    body { background: gray; }
    p { background: #c0c0c0;
        color: #030; }
    </style>
  </head>
  <body>
    <h1> Webサイト作成</h1>
    <p>これからHTMLの勉強をします。<br>
    <a href="./tag.html">タグ</a>を利用すれば、簡単に<mark>構造化</mark>された文章を記述できます。</p>
    <p>body要素内には、<a href="./headings.html">見出し要素</a>、段落要素、アドレス要素等、<strong>
    文章の構造を記す要素</strong>を記載します。</p>
    <br>
    <p>HTMLの策定は<a href="https://www.w3.org/">W3C</a>がおこなっています。<p>
    <hr>
    <p><img src="nigaoe.gif" alt="似顔絵"></p>
    <address>mail-address:<a href="mailto: mail-address:xxx@ooo.ac.jp">xxx@ooo.ac.jp</a></address>
  </body>
</html>
```

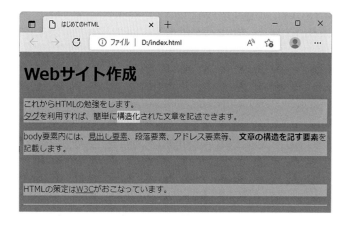

この例では、背景とテキストの色を変更しています。追加した以下のテキストがCSSの部分です。

```
<style>
body { background: gray; }
p { background: #c0c0c0;
    color: #030; }
</style>
```

style要素<style>…</style>で適用する表示体裁を指示しますが、style要素内の記述が、具体的なHTML文書の各要素への指示となります。

CSSによるスタイル設定の基本書式は次のようになります。

セレクタ｛プロパティ: 値;｝

セレクタでスタイルを適用する対象を指定します。セレクタの種類を使い分けることで、さまざまな対象にスタイルを適用することができます。

プロパティとは適用するスタイルの種類のことで、スタイルの指定内容を表す値を"："（コロン）の次に記述します。プロパティと値をセットにした部分をスタイル宣言と呼びます。

body { **スタイル宣言** }であれば、body要素全体への指示。p { **スタイル宣言** }であれば、各段落要素への指示となります。スタイル宣言の部分に記載する内容は多岐にわたりますが、ここでは、よく利用するものについて見ていくことにします。

> ひとつのセレクタに対して複数のスタイルを指定する場合は、スタイル宣言の部分を"；"（セミコロン）で区切って記述します。"；"（セミコロン）はスタイル宣言同士の区切りに使用する記号なので最後は必要ありませんが、付けても誤りではありません。後からスタイルを追加したり、順序を入れ替えたりすることを考慮して付けておくのが一般的です。

■ 5.3.2 スタイル要素

これまで見たように、表示体裁の指示をHTML文書のhead要素内に記述するのを、スタイル要素による指定といいます。

色の指定

CSSでは、色をRGBによる数値や名前で指定します。

□RGB

色は光の3原色（RGB）で表現されます。1つの色の強さを16進数の0,1,2 … d,e,fに割り当てれば、16階調の表現が可能です。赤、緑、青それぞれに16階調の表現を設定できますから、

$$16 \times 16 \times 16 = 4,096$$

の色表現ができることになります。これをHigh Colorと呼び、#RGBの形で表現します。

一方、RGBそれぞれの強さを16進数の00,01,02 … fd,fe,ffに割り当てると、256階調の表現が可能となります。赤、緑、青それぞれで考えると、

$$256 \times 256 \times 256 = 16,777,216$$

と約1,600万色の色表現が可能となります。これをTrue Colorと呼び、#RRGGBBで表現します。

□色の名前

色名は16種類あります。

#000000	black	#800000	maroon	#008000	green	#000080	navy
#c0c0c0	silver	#ff0000	red	#00ff00	lime	#0000ff	blue
#808080	gray	#800080	purple	#808000	olive	#008080	teal
#ffffff	white	#ff00ff	fuchsia	#ffff00	yellow	#00ffff	aqua

背景色

backgroundで指定します。

　　　セレクタ{ background: 背景色; } または **セレクタ** { background: url("画像ファイル名") 背景色; }
のように記述します。ここで、**セレクタ**とは、見出し要素や段落要素を意味します。

　たとえば、address { background: #c00; } または address { background: #0c0000; } のように記載すると、アドレス要素の背景色が少し暗めの赤で表示されます。

　body { background:url("./flower.gif") silver; } と記載すると、背景画像にflower.gifを指定したことになります。もし、画像が読み込めなかった場合は、背景色がsilverで指定されます。

前景色

colorで指定します。

　　　セレクタ { color: 前景色; }
と記述しますが、backgroundと組み合わせてもかまいません。

　たとえば、strong { background: #00f; color: white; } とすると、strongによる強調要素の部分は背景色が青で、文字が白となります。

フォント

　フォントの指定はよく使うものをまとめておきます。

　　　セレクタ { font-style: normal/italic/oblique; }　　普通／イタリック／斜体
　　　セレクタ { font-weight: bold/bolder/lighter; }　　太字／より太く／より細く
　　　セレクタ { font-size: larger/smaller/○px/○%; }　より大きく／より小さく／○ピクセル／○%
　　　セレクタ { font-family: serif/sans-serif; }　　　明朝系／ゴシック系

■ 5.3.3 外部スタイルシート

　HTML文書が多くなると、HTML文書にstyle要素を記述する方法では、わずかの変更であっても、すべてのHTML文書を修正する必要があり、効率的ではありません。そこで、CSSをスタイルシートとして別ファイルに記述する方法をとります。

　たとえば、index.htmlを外部スタイルシートに変更すると次のようになります。

　スタイルシートは拡張子.cssで別に記載します。

・kaisetu.css

```
body { background: gray; }
p { background: #c0c0c0;
    color: #030; }
```

　HTML文書には、使用するCSSのファイル名を記述します。

```
<head>
  <meta charset="UTF-8">
  <title>はじめてのHTML</title>
  <link rel="stylesheet" href="./kaisetu css">
</head>
```

5.4 HTMLエディタ

これまで見てきたように、HTML文書はタグによって希望のデザインで表示されます。しかし、エディタでタグを記述していくのは、かなり大変な作業となります。

Webサイト作成アプリを利用すれば、HTMLのデータを非常に簡単に作成することができ、効率も飛躍的に向上します。

5.4.1 OfficeによるWebサイト作成

WordやExcelでWebサイトを作成し、[ファイル]タブ−[名前を付けて保存]で保存するフォルダーを指定し、[名前を付けて保存]ダイアログボックスの[ファイルの種類]で[Webページ]を選択します。データは「.docx」や「.xlsx」ではなく、「.htm」(または「.html」)形式で保存されます。

Wordでは、作成時の表示形式を[Webレイアウト]に設定すれば、Webページの表示画面を想定して作業ができます。

5.4.2 専用アプリを利用したWebサイト作成

ジャストシステム社の「ホームページビルダー」やAdobe社の「Dreamweaver」など、Webサイト作成専用のアプリを使用すると、かなり凝ったサイトでも比較的簡単に作成できます。

第6章　プレゼンテーション

　プレゼンテーションとは、話し手から聞き手へ、OHPやスライドなどを利用して、自分の考えを伝えることです。

　ここでは、マイクロソフト社のPowerPointを利用し、プレゼンテーションの基礎を学習します。

6.1　スライドの準備

　よいプレゼンテーションをするには、「何を相手に伝えるのか」、「何を相手にわかってもらいたいのか」を自分自身、明確に把握しておく必要があります。

6.1.1　構想を練る

何を伝えたいか？

　あらかじめ、自分が何を伝えたいかを明確にしてから、スライドの構成を考えましょう。伝えたいことがあやふやでは、プレゼンテーション自体、だらけたものになってしまいます。

資料・データ等の材料はそろえてあるか？

　場合によっては、各種資料やグラフが必要になります。統計データなどの収集・解析や写真などの画像を用意しておきましょう。

シナリオは筋道が通っているか？

　スライドの材料が揃ったら、シナリオを考えていきます。「起承転結」の言葉があるように、筋道の通ったシナリオを考えましょう。

6.1.2　スライド作成上の留意点

字は遠くからでもよく見えるよう、大きめにする

　スライドは後ろの席に座った人からもよくわかるように、大きめの文字を使用し、1つのスライドは8から10行くらいの文章にします。たとえば液晶プロジェクターを使う場合には24ポイント以上のフォントを使用するとよいでしょう。

箇条書きを多用する

　スライドには長文は避けるべきです。ポイントのみを箇条書きにし、詳しい内容は口頭で説明すればよいのです。

イラスト、写真などを活用する

　スライドに画像を取り入れると、文字だけのスライドよりはるかに注意を引き、インパクトのあるプレゼンテーションになります。

液晶プロジェクターではムービーを用いることも可能である

　PowerPointのスライドをパソコンからそのままプロジェクターで投影できるシステムが多くなってきました。この場合、動画も利用できるので、利用してみるのもよいでしょう。

プレゼンテーションの時間にあわせスライド枚数を考える

　普通、1分で1枚とするのが標準です。枚数が多いと十分に内容を伝えることができなくなってしまいます。また発表時間が制限されている場合は、その範囲内で枚数を考える必要があります。

6.2 スライドの作成

スライドの構想がある程度まとまったら、PowerPointにまとめていきます。

6.2.1 スライド構成

ここでは、次のようなスライドを作成していくことにします。

1 2 3 4 5

タイトルページの用意

最初のスライドには、必ず全体のタイトルページを1枚用意します。

各スライドの構成

2枚目以降のスライドは基本的には、次の構成をとります。

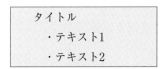

6.2.2 PowerPointの画面

PowerPointには、標準表示モード、スライド一覧表示モード、閲覧表示モード、スライドショー表示モードの4つの表示モードが用意されており、ウィンドウの右下にある表示ボタンで表示モードを切り替えることができます。通常は標準表示モードを使用します。

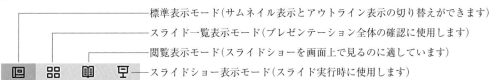

標準表示モード

次の画面は、今回のスライドの入力が終了した状態の標準表示モードでの画面です。

□**サムネイル／アウトライン**

　最初、画面の左側はサムネイル表示となっており、スライドの縮小画像が表示されています。表示ボタンの 回 をクリックすると、アウトライン表示となり、全体のアウトラインがテキスト形式で表示されます。サムネイルやアウトラインを操作することで、スライドの内容を再構成したり、スライド全体を移動したり、タイトルおよび本文のテキストを編集したりできます。

□**スライドペイン**

　各スライドが実際にどのように表示されるかを確認できます。テキストの編集のほか、グラフィック、ビデオ、およびサウンドの編集もできます。

□**ノートペイン**

　スライドに補助的な情報を付け加えたいときに入力します。ノートペインに入力した内容は、プリンタには印刷できますが、スライドショーでは表示されません。

■ **6.2.3 プレースホルダーへの入力**

　スライドペインには「タイトルスライド」の初期画面が表示されています。

　テキストの入力部には「タイトルを入力」と表示されている枠があります。この枠を「プレースホルダー」と呼びます。

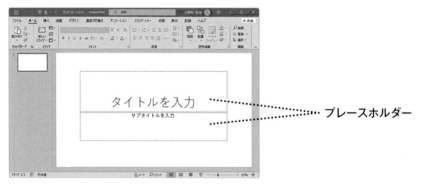

（1）上のプレースホルダーをクリックし、“PowerPointによるプレゼンテーション”と入力します。
　　　文章が長いので、“PowerPointによる”で一度改行します。

（2）下のプレースホルダーをクリックし、“（発表者の名前）”を入力します。

プレースホルダーに入力した文章は、左側にサムネイル（小さな画像）で表示されます。

■ 6.2.4 スライドの追加

　2枚目以降がスライドの本題になります。

(1)　［ホーム］タブの［スライド］グループより、［新しいスライド］をクリックし、［Officeテーマ］
　　　より、「タイトルとコンテンツ」を選択します。

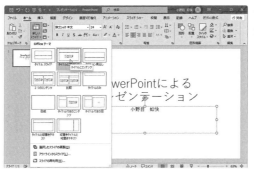

　　　　　　　　　　　　　　　　　　　　　　　　　今回は「タイトルとコンテンツ」を
　　　　　　　　　　　　　　　　　　　　　　　　　選択しましたが、設定するスライド
　　　　　　　　　　　　　　　　　　　　　　　　　の内容によっては、他のOfficeテー
　　　　　　　　　　　　　　　　　　　　　　　　　マを選択します。

(2)　上のプレースホルダーをクリックし、"プレゼンテーションとは？"と入力します。

(3)　下のプレースホルダーをクリックし、以下のテキストを入力します。

> プレゼンテーションとは、話し手から聞き手へ、ＯＨＰやスライド等を利用し
> てメッセージを伝えること
> 参加者にハンド・アウト（印刷物いわゆるプリント）を渡すこともある
> 液晶プロジェクターを用い、パソコンからの画像を直接投影することも多い

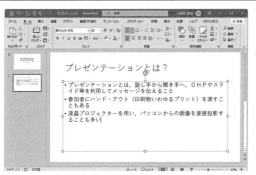

　　　　　　　　　　　　　　　　　　　　　　　　　下のプレースホルダーでは、改行す
　　　　　　　　　　　　　　　　　　　　　　　　　るたびに、箇条書きの文書として最
　　　　　　　　　　　　　　　　　　　　　　　　　初に ● が付いて表示されます。

(4)　同様に、スライドを追加し、次の文章を入力します。

> # プレゼンテーションソフトの利点
>
> 全体の構想はアウトラインを作成しながら
> カラフルで見やすく美しいスライド
> 豊富なイラストなどの素材
> 動きのあるプレゼンテーション
> 配布資料の作成が容易

■ 6.2.5 デザインプレート

現在のスライドは白地に黒文字で、非常に単調な印象です。PowerPointでは、バックの模様や文字の装飾を「テーマ」として用意してあります。標準でさまざまなテーマが用意されているので、その中から希望のものを選択するだけで、インパクトのあるスライドを作成できます。

(1) [デザイン] タブの [テーマ] グループで、すべてのテーマを表示するため、▽をクリックします。

(2) 「ファセット」をクリックします。

テキストの色や大きさ、箇条書きの先頭の記号などがバックの模様にマッチするように自動的に変更されます。

■ 6.2.6 レベル

[表示] タブの [プレゼンテーションの表示] グループより、[アウトライン表示] をクリックし、画面の左側に表示されている「サムネイル」を「アウトライン」に切り替えます。アウトラインの表示されているエリアをアウトラインペインと呼びます。

左の例では、画面右下に補足説明などを記入できるノートペインが表示されています。不要であれば、ステータスバー内の ≜ノート をクリックして非表示にします。

サムネイル表示とアウトライン表示は、ステータスバー内の 回 をクリックしても切り替え可能です。

アウトラインペインに表示されているテキストを見ると、各スライドのタイトルは大見出しとして扱われていることがわかります。また、箇条書きの部分は次のレベルの見出しとして、自動的にインデントが設定されています。

このように、アウトラインペインに表示されるテキストには、「レベル」が設定されます。テキストに一番上のレベルが設定されると、そのテキストはスライドのタイトルとして扱われます。これは、1スライドに1つしか設定できません。

各テキストのレベルは [ホーム] タブの [段落] グループより、Ξ [インデントを減らす]、Ξ [インデントを増やす] の各ボタンで、自由に変更できます。一番上のレベルのテキストを、一つ下のレベルに変更すると、自動的にタイトルから箇条書きに変更になります。

アウトラインの利用

　次の操作で、アウトライン表示からスライドを作成してみましょう。3枚目のスライドが表示されていることを確認し、再度新しいスライドを挿入します。

⑴　アウトラインペインで"資料作成"と入力し、[Enter]キーで改行後、"プレゼンテーション用資料の作成"と入力します。

アウトラインペインで[Enter]キーを押すと、次の行にも同じレベルが設定されます。

⑵　"プレゼンテーション用資料の作成"を、 ［インデントを増やす］ボタンをクリックして1つ下のレベルに下げます。

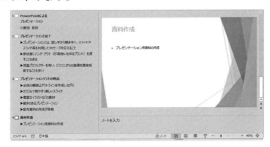

⑶　以下、同様にレベルに注意しながら、アウトラインペインにテキストを入力します。

プレゼンテーション用資料の作成
　スライドの作成
　　発表用のノートつまり原稿の作成
　　ハンドアウト(聴衆に手渡す資料)の作成
PowerPointを利用して効率化
"スライドの作成"からの3行は、2つ下のレベルになります。

■ 6.2.7 スライドの移動

　サムネイル表示されている各スライドをドラッグ＆ドロップすることで、スライドの順番を変えることができます。ここでは、3枚目と4枚目のスライドを入れ替えてみましょう。

⑴　アウトライン表示からサムネイル表示に切り替えます。

⑵　サムネイル表示されている4枚目のスライドをマウスでドラッグし、2枚目と3枚目の間に移動します。

アウトライン表示でも、 をドラッグ＆ドロップして移動できます。

■ **6.2.8 イラスト**

　すでに作成したスライドにイラストなどの画像を入れることができます。［挿入］タブの［図］や［画像］グループより、希望の画像を挿入します。これは、Wordでの画像の挿入方法とほぼ同じです。

　ここでは、新規のスライド作成時にイラストを挿入してみましょう。

⑴　4枚目のスライドを選択しておき、［新しいスライド］から、「2つのコンテンツ」を選択して5枚目のスライドを挿入し、上と左下のプレースホルダーに次のようにタイトル及びテキストを入力します。

> # 効果的なプレゼンテーションのために
>
> 字は大きく遠くからでもよく見えるように、大きめにする
> 箇条書きを多用する
> イラスト、写真などを活用する
> 液晶プロジェクターではムービーを用いることも可能である
> プレゼンテーションの時間にあわせスライド枚数を考える

　プレースホルダーに多くの行を入力すると、全文章がホルダー内におさまるように、文字の大きさが自動的に小さくなります。また、ホルダーの左下にスマートタグ ![tag] が表示されます。

　通常は無視してかまいませんが、メニューより、自動調整の可否を選択できます。

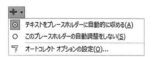

⑵　右下のプレースホルダーより、［図］や［ストック画像］のアイコンを選択し、希望の画像を追加します。

　上の例では、［ストック画像］で、［イラスト］から "学校" をキーワードに検索しています。

(3) 画像の大きさと位置を変更し、箇条書きのプレースホルダーを少し横長に調節します。

◆練習

その他、完成図を参考に、1~3枚目のスライドにも図形やアイコンを配置しましょう。

　　　　　　1　　　　　　　　　　　　　　2　　　　　　　　　　　　　　3

[挿入] タブの [図] グループより、1枚目は3Dモデル、2枚目はアイコン、3枚目は図形を選択して
います。3枚目の下矢印は、あらかじめテキストに3行ほど空行を入れて図を配置する領域をあけて
から挿入しています。

■ 6.2.9 ビデオ

　動画編集ソフトを使用しなくても、PowerPoint上でビデオの長さを編集したり、色調を変更したり
できます。ここでは、4枚目のスライドにビデオを挿入してみましょう。

(1) [挿入] タブの [メディア] グループより、[ビデオ] で「ビデオの挿入元」から希望の動画を選択
します。

　　　　　　　　　　　　　　　　　　[オンラインビデオ] では、あらかじめブラウザで動画を表示させておき、
　　　　　　　　　　　　　　　　　　そのURLをコピーして動画を挿入します。PowerPointには動画のリンク
　　　　　　　　　　　　　　　　　　が挿入されるだけなので、後で動画を編集したりすることはできません。

(2) ▶ [再生／一時停止] ボタンをクリックして、ビデオを再生してみましょう。

(3) 動画の大きさと位置を調整して配置します。

(4) トリミングを利用することで、ビデオの不要な部分を簡単にカットすることができます。［再生］
タブの［編集］グループより、［ビデオのトリミング］をクリックします。

(5) ［ビデオのトリミング］ダイアログボックスが表示されるので、左右のスライダーを動かして、切
り出したい映像を指定します。

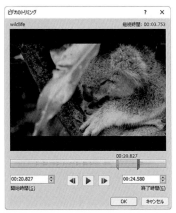

開始時間は ▮、終了時間は ▮ のマーカーを移動します。
1フレームごとにコマ送りしてより細かい調整をするには、
◀▮ ［前のフレーム］、▮▶ ［次のフレーム］ボタンを利用
します。
左の例では、トリミングしてコアラの映像のみを切り出し
ています。

(6) ビデオにテレビ画面のようなフレームを付けたり、影やぼかしを付けたりして、視覚効果を設定で
きます。［ビデオ形式］タブの［ビデオスタイル］グループより、［回転、グラデーション］を選択し
ます。

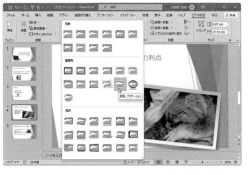

［ビデオ形式］タブの［調整］グループの［色］
で画像の色調を変更したり、［修正］で明
るさやコントラストを調整したりすること
もできます。

(7)　スライドの表示と同時にビデオの再生が繰り返し始まるようにしましょう。［再生］タブの［ビデオのオプション］グループより、［開始］で［自動］を選択し、［停止するまで繰り返す］をチェックします。

📖 6.2.10　保存

データを保存する操作は、Wordと同じです。

　・［ファイル］タブのバックステージビューより［名前を付けて保存］をクリック
　・クイックアクセスツールバーの 🖫 ［上書き保存］ボタンをクリック

のいずれかで、保存用のダイアログボックスを表示します。

　PowerPointの拡張子はpptxです。

　ファイル名の入力欄には、まだ一度も保存していない場合は、(最初のスライドの1行目).pptxと表示されていますので、希望のファイル名に変更します。このとき、最後の.pptxの入力は不要です。システムが自動的に付加します。

　［保存］ボタンをクリックして、保存します。

　ここでは、ファイル名の欄に「PowerPointによるプレゼンテーション」と入力して保存しておきましょう。

6.3 プレゼンテーション

ここでは、プレゼンテーションの実行方法を学習します。

6.3.1 印刷

プレゼンテーション用の資料として、作成したスライドと同内容のものを聴衆に配布しておく場合があります。また、スライドの内容を印刷し、発表時のコメントなどを記入しておけば、プレゼンテーションもよりスムーズに進むでしょう。

(1) Word同様、［ファイル］タブのバックステージビューより［印刷］をクリックし、右側の印刷プレビュー画面で印刷イメージを確認しながら、各種設定を行います。

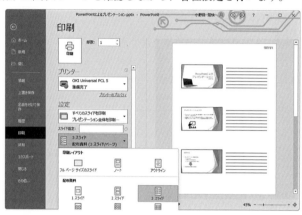

上の例は、［設定］－［配布資料］より、［3スライド］を選択したところです。

(2) ［印刷］ボタンをクリックして、印刷を実行します。

6.3.2 スライドショー

実際のプレゼンテーションでは、パソコンからの画像をディスプレイやスクリーンに投影してスライドショーを実行することになります。

(1) ［スライドショー］タブの［スライドショーの開始］グループから、[最初から]を選択してスライドショーを開始します。ショートカットキーは［F5］です。

［現在のスライドから］を選択するか、ステータスバーの [スライドショー] をクリックすると、現在編集中のスライドからスライドショーを開始します。ショートカットキーは［Shift］＋［F5］です。

(2) ［Space］キーで次のスライドを表示します。

［→］キーや［↓］キーの他、マウスの左ボタンでも次のスライドを表示できます。

(3) 前のスライドに戻る場合は、［BackSpace］キーを押します。

［←］キーや［↑］キーでも前のスライドを表示できます。

(4) 最後には黒いスライドが表示され、さらにスライドを進めると終了します。

途中でスライドショーを終了するには［Esc］キーを押します。

プレゼンテーション中に画面を指示したい場合、画面左下の ✏ をクリックするか、右クリックしてショートカットメニューの［ポインターオプション］から以下を選択します。

・レーザーポインター：［Ctrl］＋［L］または、［Ctrl］キーを押しながらドラッグでも可能です。
・ペン：ペンが表示され、画面上に線を描画できます。［Ctrl］＋［P］でも可能です。
・蛍光ペン：蛍光ペンが表示され、画面上に線を描画できます。［Ctrl］＋［I］でも可能です。
・消しゴム：消しゴムが表示され、描画した線を消去できます。［Ctrl］＋［E］でも可能です。

6.4 アニメーション効果

1枚のスライドをいきなり見せるより、説明していく過程で、必要な項目を順次表示していったほうが、発表のポイントを絞るとともに、聴衆をより惹きつけることができます。

OHPでは、見せたくない部分をあらかじめ紙で隠しておき、順次紙をずらして表示していくような手法をとることがありますが、PowerPointでは、アニメーションの設定をすることで簡単に実現できます。

■ 6.4.1 文字のスライドイン

ここでは、2枚目と3枚目のスライドにアニメーションの設定をしてみましょう。テキストが左から流れてくるようなアニメーション効果を設定します。

(1) 2枚目のスライドの下側のテキストを選択します。

(2) [アニメーション] タブの [アニメーション] グループより、[スライドイン] を選択します。

(3) 直ちに、スライドインするアニメーションが実行され、アニメーションする順番にテキストの左側に番号が振られます。

```
1  ▶ プレゼンテー
       てメッセー シ
2  ▶ 参加者にハン
3  ▶ 液晶プロジェ
```

(4) そのままでは、下からのスライドインとなっているので、[アニメーション] タブの [アニメーション] グループより、[効果のオプション] で [左から] を選択し、文字が左からスライドインするように変更します。

(5) 3枚目のスライドに、次第に文字が現れる「ディゾルブイン」の効果を設定します。この効果は最初 [アニメーション] のメニューには表示されないので、[その他の開始効果] をクリックして、[開始効果の変更] ダイアログボックスを表示し、そこから [ディゾルブイン] を選択します。

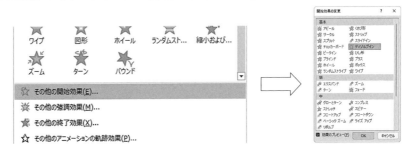

(6)　テキストの各行に振られた番号を見てもわかるとおり、最初の4行は一度に表示されてしまいます。
そこで、調整用の作業ウィンドウを表示し、アニメーション開始のタイミングを調整しましょう。
［アニメーション］タブの［アニメーションの詳細設定］グループより、［アニメーションウィンドウ］
を選択し、画面の右側に［アニメーションウィンドウ］を表示します。

アニメーションウィンドウが表示さ
れたら、効果をすべて表示させるた
め、「内容を拡大」しておきます。

(7)　［アニメーションウィンドウ］の各行の ▼ をクリックし、開始のタイミングを［直前の動作と同時］
から［クリック時］に変更します。

(8)　下矢印には［フロートイン］、効果のオプションは［フロートダウン］の設定をします。

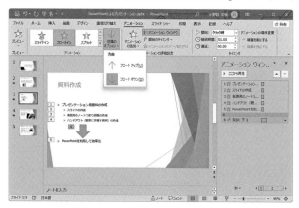

(9)　アニメーションの順序を上から順番にするため、作業ウィンドウの下矢印の部分をドラッグして4
番目と5番目の動作の間に移動します。

　クリックしなくても画面が自動で切り替わってしまう場合
は、［画面切り替え］タブの［タイミング］グループから［自
動］のチェックを外し、［すべてに適用］を選択します。

◆練習

・4枚目のスライドにアニメーションの［フォントの色］の効果で、各行が順番に赤くなる効果を設
定します。

■ 6.4.2　図形のアニメーション

5枚目のイラストに、画像が左方向から回転移動しながら出てくる効果を設定しましょう。

(1)　表示を30%にしてスライドの周りに余白を表示し、イラストをスライド外に移動した後、[アニメーション] タブの [アニメーション] グループより、[アニメーションの軌跡] の [ユーザー設定パス] を選択します。

(2)　このままマウスをドラッグすると、画面上にフリーハンドで軌跡を描きますが、今回は、きれいな曲線を描いてスライドが動くように、[効果のオプション] より [曲線] を選択しておきます。

(3)　マウスカーソルが十文字になるので、イラストの部分でクリック、スライド中央でクリック、スライド内右端でダブルクリックして軌跡を決定します。

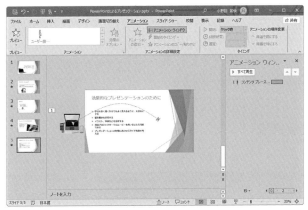

3つのクリック点がなめらかな曲線で結ばれ、イラストが曲線に沿って動くアニメーションが実行されます。開始点に緑の三角形、終点に赤の三角形がつきます。

(4)　さらに、同じイラストに回転の効果を加えるため、[アニメーション] タブの [アニメーションの詳細設定] グループより、[アニメーションの追加] の [強調] から [スピン] を選択します。

(5)　このままでは、イラストが移動した後に回転するので、移動と回転の効果を同時に表現するため、作業ウィンドウより、「スピン」効果の開始時期を [直前の動作と同時] とします。

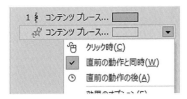

(6)　イラストのアニメーションは、このスライドが表示されたと同時に実行させるので、「アニメーションの軌跡」の開始時期も [直前の動作と同時] とします。

⑺ イラストが表示された後に、箇条書きが表示されるように、箇条書きに「スライドイン」の効果を
設定します。

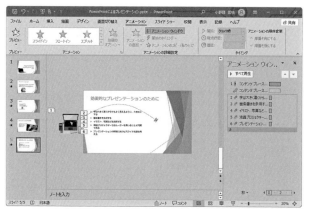

⑻ スライドの切り替え時、各スライドが徐々にでてくる効果を付けるため、[画面切り替え] タブの [画
面切り替え] グループより、[フェード] を選択します。このままでは左側で選択したスライド1枚の
みの切り替え効果なので、[タイミング] グループから、[すべてに適用] を選択します。

⑼ 「画面切り替え」の「変形」を利用して1枚目のノートPCのイラストを移動させましょう。スライ
ドのサムネイルを右クリックし、[スライドの複製] を選択します。

「アニメーション」によるオブジェクトの移動と異なり、2つの
スライドに用意された同一オブジェクトに対して変形が適用さ
れるので、2枚目のスライドを複製で用意し、その後、オブジェ
クトを移動します。

⑽ 複製された2枚目のスライドのノートPCの画像を回転させて大きく再配置します。

PCの画像が文字の背面にな
るように、[3Dモデル] の [配
置] グループで [背面へ移動]
を選択しておきます。
同様に1枚目のスライドの画
像も背面に設定します。

⑾ 2枚目のスライドに、[画面切り替え] タブの [画面切り替え] グループより、[変形] を適用します。

6.5　ビデオの作成

　画面で操作している状態を記録してMP4形式の動画ファイルを作成できます。PowerPointのスライドに限らず、アプリの使い方などを動画にしたいときなどにも利用できます。

⑴　記録した動画ファイルは、PowerPointのスライドに貼り付けられるため、作成したスライドとは別に記録用にもう一つのPowerPointを開いておきます。

⑵　記録用のPowerPointで［挿入］タブの［メディア］グループより［画面録画］をクリックします。デスクトップの上部に表示されたコントロールドッグから［領域の選択］をクリックします。

　　［ポインターの録画］がオンになっていると、マウスポインターの動きも記録されます。また、［オーディオ］がオンになっていると音声も記録されます。

⑶　画面が薄白くなり、マウスが十字の形になるので、記録したい領域をドラッグして選択します。今回はプレゼンテーションを記録するので、画面全体をドラッグします。

⑷　作成したPowerPointのスライドショーを開始し、最初の画面を表示します。

⑸　コントロールドッグの［録画］をクリックするとカウントダウンが始まり、録画が開始されるので、プレゼンテーションを進めていきます。

⑹　スライドショー終了後、録画を停止するため、デスクトップの上部中央付近にマウスポインターを移動してコントロールドッグを表示させ、終了ボタンをクリックします。

⑺　記録用PowerPointに録画データが貼り付けられます。

⑻　貼り付いたビデオを右クリックし、［メディアに名前を付けて保存］をクリックして保存すると、MP4形式の動画データとして保存されます。

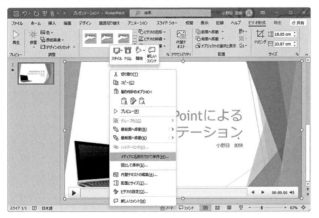

6.6　セクション

　スライドを「セクション」という単位に分けることで、セクション単位にスライドを移動したり、デザインを変更したりすることができます。ここでは、4枚目までと5枚目以降を2つのセクションに分け、後半のセクションに別のデザインのテーマを適用します。

(1)　1枚目のスライドを選択し、[ホーム] タブの [スライド] グループより、[セクション] をクリックして、[セクションの追加] を選択します。

(2)　[セクション名の変更] ダイアログボックスが表示されるので、セクション名に「導入」と入力します。

(3)　5枚目のスライドを選択し、同様にセクション名「ポイント」でセクションを追加します。

(4)　セクション「ポイント」を選択し、[デザイン] タブの [テーマ] グループより、[レトロスペクト]を選択します。

演習問題

(1)　名所紹介
　あなたの住んでいる市町村の名所を紹介するスライドを、PowerPointを利用して作成しなさい。

(2)　学校説明
　出身高校を訪れ、自分の在籍する大学について説明をします。PowerPointを利用して、説明用のスライドを作成しなさい。

(3)　紙芝居
　アニメーション効果を上手に利用し、紙芝居を作成しなさい。

(4)　爆弾ゲーム
　3×3のマス目の1か所に爆弾を描いた絵を用意します。
　すべてのマス目を9個の四角形で隠します。
　各四角形をクリックしたら、図形が消えるようにアニメーションを設定します。
　　　　[アニメーションの追加] で [終了] から適当な効果を選択し、[アニメーションウィンドウ]の [タイミング] で [開始のタイミング] をクリックし、[次のオブジェクトのクリック時に効果を開始] で該当する四角形を指定します。

5

付　録

ローマ字とかな対応一覧
MS-IME のローマ字とかなの対応は以下のとおりです。

あ行

あ	い	う	え	お	ぁ	ぃ	ぅ	ぇ	ぉ
a	i	u	e	o	la	li	lu	le	lo
	yi	wu			xa	xi	xu	xe	xo
		whu				lyi		lye	
						xyi		xye	

				いぇ				
				ye				

うぁ	うぃ		うぇ	うぉ
wha	whi		whe	who
	wi		we	

か行

か	き	く	け	こ	きゃ	きぃ	きゅ	きぇ	きょ
ka	ki	ku	ke	ko	kya	kyi	kyu	kye	kyo
ca		cu		co					
		qu							

カ		ケ	くゃ		くゅ		くょ
lka		lke	qya		qyu		qyo
xka		xke	くぁ	くぃ	くぅ	くぇ	くぉ
			qwa	qwi	qwu	qwe	qwo
			qa	qi		qe	qo
			kwa	qyi		qye	

が	ぎ	ぐ	げ	ご	ぎゃ	ぎぃ	ぎゅ	ぎぇ	ぎょ
ga	gi	gu	ge	go	gya	gyi	gyu	gye	gyo
					ぐぁ	ぐぃ	ぐぅ	ぐぇ	ぐぉ
					gwa	gwi	gwu	gwe	gwo

さ行

さ	し	す	せ	そ	しゃ	しぃ	しゅ	しぇ	しょ
sa	si	su	se	so	sya	syi	syu	sye	syo
	ci		ce		sha		shu	she	sho
	shi								

すぁ	すぃ	すぅ	すぇ	すぉ
swa	swi	swu	swe	swo

ざ	じ	ず	ぜ	ぞ	じゃ	じぃ	じゅ	じぇ	じょ
za	zi	zu	ze	zo	zya	zyi	zyu	zye	zyo
	ji				ja		ju	je	jo
					jya	jyi	jyu	jye	jyo

た行

た	ち	つ	て	と	ちゃ	ちぃ	ちゅ	ちぇ	ちょ
ta	ti	tu	te	to	tya	tyi	tyu	tye	tyo
	chi	tsu			cha		chu	che	cho
					cya	cyi	cyu	cye	cyo

っ		つぁ	つぃ		つぇ	つぉ
ltu		tsa	tsi		tse	tso
xtu						
ltsu						

てゃ	てぃ	てゅ	てぇ	てょ
tha	thi	thu	the	tho
とぁ	とぃ	とぅ	とぇ	とぉ
twa	twi	twu	twe	two

だ	ぢ	づ	で	ど	ぢゃ	ぢぃ	ぢゅ	ぢぇ	ぢょ
da	di	du	de	do	dya	dyi	dyu	dye	dyo
					でゃ	でぃ	でゅ	でぇ	でょ
					dha	dhi	dhu	dhe	dho
					どぁ	どぃ	どぅ	どぇ	どぉ
					dwa	dwi	dwu	dwe	dwo

な行

な	に	ぬ	ね	の	にゃ	にぃ	にゅ	にぇ	にょ
na	ni	nu	ne	no	nya	nyi	nyu	nye	nyo

は行

は	ひ	ふ	へ	ほ	ひゃ	ひぃ	ひゅ	ひぇ	ひょ
ha	hi	hi	he	ho	hya	hyi	hyu	hye	hyo
		fu							

			ふゃ		ふゅ		ふょ
			fya		fyu		fyo
			ふぁ	ふぃ	ふぅ	ふぇ	ふぉ
			fwa	fwi	fwu	fwe	fwo
			fa	fi		fe	fo
				fyi		fye	

ば	び	ぶ	べ	ぼ	びゃ	びぃ	びゅ	びぇ	びょ
ba	bi	bu	be	bo	bya	byi	byu	bye	byo
					ヴァ	ヴィ	ヴ	ヴェ	ヴォ
					va	vi	vu	ve	vo
					ヴゃ	ヴぃ	ヴゅ	ヴぇ	ヴょ
					vya	vyi	vyu	vye	vyo

ぱ	ぴ	ぷ	ぺ	ぽ	ぴゃ	ぴぃ	ぴゅ	ぴぇ	ぴょ
pa	pi	pu	pe	po	pya	pyi	pyu	pye	pyo

ま行

ま	み	む	め	も	みゃ	みぃ	みゅ	みぇ	みょ
ma	mi	mu	me	mo	mya	myi	myu	mye	myo

や行

や		ゆ		よ	ゃ		ゅ		ょ
ya		yu		yo	lya		lyu		lyo
					xya		xyu		xyo

ら行

ら	り	る	れ	ろ	りゃ	りぃ	りゅ	りぇ	りょ
ra	ri	ru	re	ro	rya	ryi	ryu	rye	ryo

わ行

わ		を		ん
wa		wo		n
				nn
ゎ				n'
lwa				xn
xwa				

注
っ：n 以外の子音の連続も可。
　　例：itta→いった
ん：子音の前のみ n。母音の前は nn または n'。
　　例：kanni→かんい
　　例：kani→かに
ヴ：ひらがなはありません。
ゐ：W I キーを押して変換すると入力できます。
ゑ：W E キーを押して変換すると入力できます。

2進、10進、16進変換とJIS8ビットコード表

2進	10進	16進	JIS記号	2進	10進	16進	JIS記号	2進	10進	16進	JIS記号	2進	10進	16進	JIS記号
00000000	0	00		01000000	64	40	@	10000000	128	80		11000000	192	C0	タ
00000001	1	01		01000001	65	41	A	10000001	129	81		11000001	193	C1	チ
00000010	2	02		01000010	66	42	B	10000010	130	82		11000010	194	C2	ツ
00000011	3	03		01000011	67	43	C	10000011	131	83		11000011	195	C3	テ
00000100	4	04		01000100	68	44	D	10000100	132	84		11000100	196	C4	ト
00000101	5	05		01000101	69	45	E	10000101	133	85		11000101	197	C5	ナ
00000110	6	06		01000110	70	46	F	10000110	134	86		11000110	198	C6	ニ
00000111	7	07		01000111	71	47	G	10000111	135	87		11000111	199	C7	ヌ
00001000	8	08		01001000	72	48	H	10001000	136	88		11001000	200	C8	ネ
00001001	9	09		01001001	73	49	I	10001001	137	89		11001001	201	C9	ノ
00001010	10	0A		01001010	74	4A	J	10001010	138	8A		11001010	202	CA	ハ
00001011	11	0B		01001011	75	4B	K	10001011	139	8B		11001011	203	CB	ヒ
00001100	12	0C		01001100	76	4C	L	10001100	140	8C		11001100	204	CC	フ
00001101	13	0D		01001101	77	4D	M	10001101	141	8D		11001101	205	CD	ヘ
00001110	14	0E		01001110	78	4E	N	10001110	142	8E		11001110	206	CE	ホ
00001111	15	0F		01001111	79	4F	O	10001111	143	8F		11001111	207	CF	マ
00010000	16	10		01010000	80	50	P	10010000	144	90		11010000	208	D0	ミ
00010001	17	11		01010001	81	51	Q	10010001	145	91		11010001	209	D1	ム
00010010	18	12		01010010	82	52	R	10010010	146	92		11010010	210	D2	メ
00010011	19	13		01010011	83	53	S	10010011	147	93		11010011	211	D3	モ
00010100	20	14		01010100	84	54	T	10010100	148	94		11010100	212	D4	ヤ
00010101	21	15		01010101	85	55	U	10010101	149	95		11010101	213	D5	ユ
00010110	22	16		01010110	86	56	V	10010110	150	96		11010110	214	D6	ヨ
00010111	23	17		01010111	87	57	W	10010111	151	97		11010111	215	D7	ラ
00011000	24	18		01011000	88	58	X	10011000	152	98		11011000	216	D8	リ
00011001	25	19		01011001	89	59	Y	10011001	153	99		11011001	217	D9	ル
00011010	26	1A		01011010	90	5A	Z	10011010	154	9A		11011010	218	DA	レ
00011011	27	1B		01011011	91	5B	[	10011011	155	9B		11011011	219	DB	ロ
00011100	28	1C		01011100	92	5C	¥	10011100	156	9C		11011100	220	DC	ワ
00011101	29	1D		01011101	93	5D	]	10011101	157	9D		11011101	221	DD	ン
00011110	30	1E		01011110	94	5E	^	10011110	158	9E		11011110	222	DE	゛
00011111	31	1F		01011111	95	5F	_	10011111	159	9F		11011111	223	DF	
00100000	32	20		01100000	96	60	`	10100000	160	A0		11100000	224	E0	
00100001	33	21	!	01100001	97	61	a	10100001	161	A1	。	11100001	225	E1	
00100010	34	22	"	01100010	98	62	b	10100010	162	A2	「	11100010	226	E2	
00100011	35	23	#	01100011	99	63	c	10100011	163	A3	」	11100011	227	E3	
00100100	36	24	$	01100100	100	64	d	10100100	164	A4	、	11100100	228	E4	
00100101	37	25	%	01100101	101	65	e	10100101	165	A5	・	11100101	229	E5	
00100110	38	26	&	01100110	102	66	f	10100110	166	A6	ヲ	11100110	230	E6	
00100111	39	27	'	01100111	103	67	g	10100111	167	A7	ァ	11100111	231	E7	
00101000	40	28	(	01101000	104	68	h	10101000	168	A8	ィ	11101000	232	E8	
00101001	41	29	)	01101001	105	69	i	10101001	169	A9	ゥ	11101001	233	E9	
00101010	42	2A	*	01101010	106	6A	j	10101010	170	AA	ェ	11101010	234	EA	
00101011	43	2B	+	01101011	107	6B	k	10101011	171	AB	ォ	11101011	235	EB	
00101100	44	2C	,	01101100	108	6C	l	10101100	172	AC	ャ	11101100	236	EC	
00101101	45	2D	-	01101101	109	6D	m	10101101	173	AD	ュ	11101101	237	ED	
00101110	46	2E	.	01101110	110	6E	n	10101110	174	AE	ョ	11101110	238	EE	
00101111	47	2F	/	01101111	111	6F	o	10101111	175	AF	ッ	11101111	239	EF	
00110000	48	30	0	01110000	112	70	p	10110000	176	B0	ー	11110000	240	F0	
00110001	49	31	1	01110001	113	71	q	10110001	177	B1	ア	11110001	241	F1	
00110010	50	32	2	01110010	114	72	r	10110010	178	B2	イ	11110010	242	F2	
00110011	51	33	3	01110011	115	73	s	10110011	179	B3	ウ	11110011	243	F3	
00110100	52	34	4	01110100	116	74	t	10110100	180	B4	エ	11110100	244	F4	
00110101	53	35	5	01110101	117	75	u	10110101	181	B5	オ	11110101	245	F5	
00110110	54	36	6	01110110	118	76	v	10110110	182	B6	カ	11110110	246	F6	
00110111	55	37	7	01110111	119	77	w	10110111	183	B7	キ	11110111	247	F7	
00111000	56	38	8	01111000	120	78	x	10111000	184	B8	ク	11111000	248	F8	
00111001	57	39	9	01111001	121	79	y	10111001	185	B9	ケ	11111001	249	F9	
00111010	58	3A	:	01111010	122	7A	z	10111010	186	BA	コ	11111010	250	FA	
00111011	59	3B	;	01111011	123	7B	{	10111011	187	BB	サ	11111011	251	FB	
00111100	60	3C	<	01111100	124	7C	|	10111100	188	BC	シ	11111100	252	FC	
00111101	61	3D	=	01111101	125	7D	}	10111101	189	BD	ス	11111101	253	FD	
00111110	62	3E	>	01111110	126	7E	̄	10111110	190	BE	セ	11111110	254	FE	
00111111	63	3F	?	01111111	127	7F		10111111	191	BF	ソ	11111111	255	FF	

●本書の関連データが web サイトからダウンロードできます。

https://www.jikkyo.co.jp/ の"書籍・ダウンロード検索"で

「Office2021 で学ぶコンピュータリテラシー」を検索してください。

提供データ：実習用素材データ

※webサイトでは、テキストに沿って操作を解説した動画を視聴できます。

■執筆

小野目　如快　東京電機大学講師
　　　　　　　日本保健医療大学講師
　　　　　　　横浜女子短期大学講師
　　　　　　　湘北短期大学講師

●表紙・本文デザイン――(株)エッジ・デザインオフィス
●組版データ作成――(株)四国写研

**Office2021 で学ぶ
コンピュータリテラシー**

2023 年 1 月 10 日　初版第 1 刷発行
2024 年 4 月 30 日　初版第 2 刷発行

●執筆者　　小野目如快
●発行者　　小田良次
●印刷所　　壮光舎印刷株式会社

無断複写・転載を禁ず

●発行所　　実教出版株式会社
〒102-8377
東京都千代田区五番町 5 番地
電話 ［営　　業］ (03) 3238-7765
　　　［企画開発］ (03) 3238-7751
　　　［総　　務］ (03) 3238-7700
https://www.jikkyo.co.jp/

©N.Onome 2022

ISBN 978-4-407-35839-1　C3004

Printed in Japan